Coole Digitalfotos

Alan Buckingham

Tricks und Effekte

DORLING KINDERSLEY
London, New York, Melbourne,
München und Delhi

Cooling Brown Ltd.:
Grafik Arthur Brown
Redaktion Kesta Desmond
Gestaltung Tish Jones

Dorling Kindersley:
Lektorat Kitty Blount
Cheflektorat Linda Esposito
Chefbildlektorat Diane Thistlethwaite
Art Director Simon Webb
Projektbetreuung Caroline Buckingham, Andrew Macintyre
Projektkoordination Jonathan Metcalf
Herstellung Luca Bazzoli
Bildrecherche Marie Ortu
Bildarchiv Sarah Mills
DTP-Design Natasha Lu
Fotos Andy Crawford, Dave King
Umschlaggestaltung Chris Dew

Fachliche Beratung Chris George

Für die deutsche Ausgabe:
Programmleitung Monika Schlitzer
Projektbetreuung Martina Glöde
Herstellungsleitung Dorothee Whittaker
Herstellung Anna Strommer

Bibliografische Information Der Deutschen Bibliothek
Die Deutsche Bibliothek verzeichnet diese Publikation in der Deutschen Nationalbibliografie; detaillierte bibliografische Daten sind im Internet über http://dnb.ddb.de abrufbar.

Titel der englischen Originalausgabe:
Digital Photography

Übersetzung Dr. Michael Schmidt
Redaktion Ursula Fethke

ISBN 3-8310-0817-5

Colour reproduction by Colourscan, Singapore
Printed and bound in China by L-Rex

Besuchen Sie uns im Internet
www.dk.com

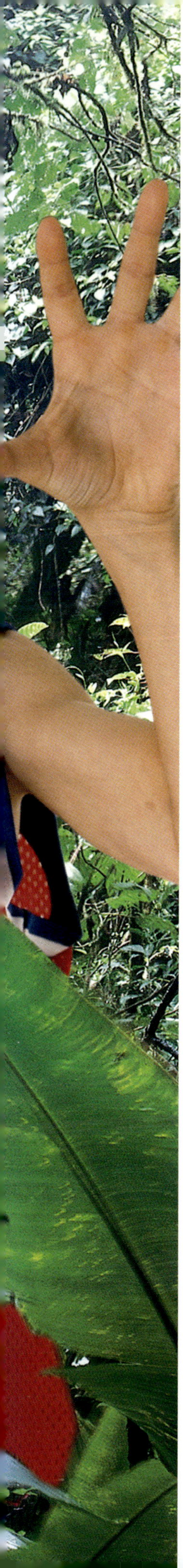

Inhalt

Einleitung

Die digitale Fotografie ist eine fantastische Erfindung. Früher, als Kameras noch mit Filmen arbeiteten, musste man Tage oder gar Wochen warten, bis die Fotos entwickelt und abgezogen waren. Schlimm war es, wenn man etwas falsch gemacht hatte oder etwas schief gelaufen war. Dann waren die Bilder nicht mehr zu retten.
Bei Digitalkameras gibt es das nicht mehr. Sobald du ein Bild aufgenommen hast, kannst du es auf dem LCD-Monitor der Kamera anschauen, und falls es nicht gut ist, kannst du es löschen und ein neues aufnehmen – so viele Bilder, wie du willst.
Und was man alles aus den Fotos machen kann! Wenn sie erst einmal auf den Computer übertragen sind, geht der Spaß erst richtig los. Dank der digitalen Fotografie kannst auch du fantastische Bilder machen. Dieses Buch enthält jede Menge toller Tipps und Ideen, wie du bessere Fotos aufnehmen und was du aus ihnen alles machen kannst. Am besten du legst gleich los!

Was ist auf der CD?

Die CD enthält Software, mit der du Fotos auf einem Computer bearbeiten kannst, sowie eine Auswahl an Bildern, die dir für alle möglichen digitalen Tricks nützlich sind.

Software

Adobe® Photoshop® Elements 3.0 ist eine Bildbearbeitungssoftware für Amateurfotografen. Sie bietet alle Werkzeuge, die du für Bilder wie die in Kapitel 3 (Digitale Tricks) und Kapitel 4 (Bilderschau) brauchst. Auf der CD findest du eine kostenlose Testversion für 30 Tage.

Installieren der Software

Die Testsoftware läuft auf Computern mit Windows 2000 oder XP. Lege die CD in deinen Computer ein. Klicke im Menü des Startfensters auf **Adobe® Photoshop® Elements 3.0 installieren** und folge einfach den Anweisungen auf dem Bildschirm.

Tierköpfe

Körperteile

Hintergrundstrukturen

Bilddateien

Auf der CD findest du auch Ordner mit vielen Bildern für deine eigenen Spezialeffekte: Tierköpfe, mit denen du die Köpfe deiner Freunde ersetzen kannst, seltsame Zungen oder Schwänze, Augen und Ohren, mit denen deine Verwandten unheimlich aussehen. Bilder von Orten aus aller Welt ergeben exotische Hintergründe und aus tollen Strukturen stellst du deine eigenen Bilderrahmen her.

1

Vorbereitungen

Warum ist digital so toll?

35-mm-Film

35-mm-Dias

Digitale Fotos lassen sich kostenlos aufnehmen, ohne Qualitätsverluste kopieren und zu Hause preiswert ausdrucken. Sie können auf einem Computer gespeichert und bearbeitet, auf CD oder DVD gebrannt und per E-Mail oder Handy um die ganze Welt geschickt werden – superleicht und superschnell.

Sofortbilder

Seit über 100 Jahren arbeiten Kameras mit Film. Aber ein Film ist teuer, schwer zu handhaben und kann verkratzen oder verschmutzen. Er muss entwickelt und abgezogen werden, bevor man die Bilder ansehen kann. Digitale Fotos kann man sofort auf dem LCD-Monitor anschauen.

TECHNIK-TIPP

Was ist ein Pixel?

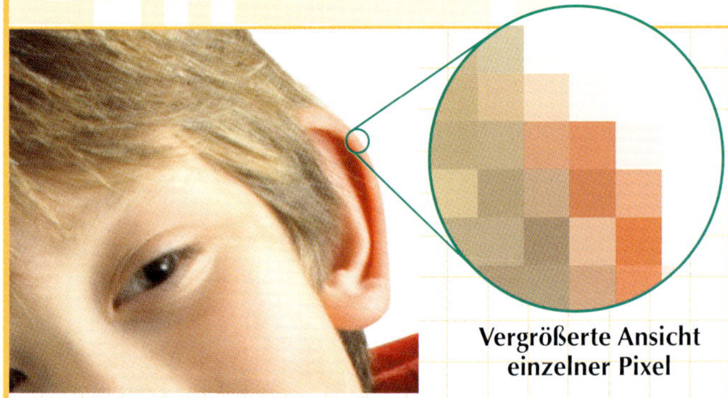

Vergrößerte Ansicht einzelner Pixel

Ein digitales Bild besteht aus einem Raster winziger Quadrate von unterschiedlicher Helligkeit und Farbe. Machst du ein digitales Foto, hält der Bildsensor der Kamera diese Informationen fest, die dann digital als Zahl aus Nullen und Einsen verschlüsselt werden. Die Quadrate im Bildraster nennt man Pixel oder Bildpunkte.

Fotografiere mit dem Handy

Die meisten Handys haben inzwischen eine eingebaute Digitalkamera, deren Qualität immer besser wird. Damit kannst du Fotos von einem Handy zum anderen senden, z.B. an deine Freunde.

Übertrage deine Fotos auf den Computer

Digitale Fotos kannst du von deiner Kamera auf deinen Computer übertragen oder downloaden. Die mit den meisten PCs und Kameras kostenlos mitgelieferte Software zeigt deine Bilder auf dem Bildschirm.

Mit Zeichen- und Malwerkzeugen fügst du deinen Fotos eigene Zeichnungen hinzu.

Bearbeite deine Fotos

Mit einer Bildbearbeitungssoftware kannst du deine Bilder bearbeiten: Probleme beheben, Farben verändern, Details löschen, Aufnahmen kombinieren und tolle Spezialeffekte anwenden.

Betrachte und ordne deine Minibilder auf dem Bildschirm.

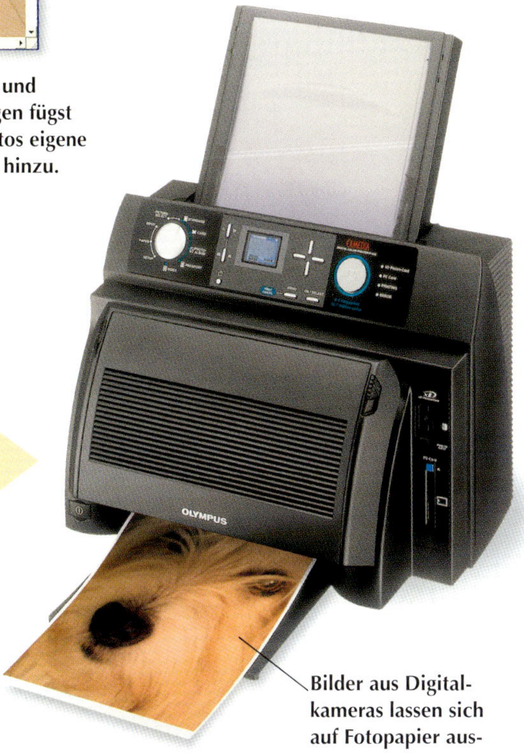

Bilder aus Digitalkameras lassen sich auf Fotopapier ausdrucken.

Drucke deine Fotos aus

Moderne Drucker liefern in wenigen Minuten hochwertige Farbausdrucke, oft direkt von einer Speicherkarte, ohne dass die digitalen Bilder über einen Computer laufen.

CD-Einlagen mit Minibildern zeigen den Inhalt der CD.

Brenne Fotos auf CD

Bilder lassen sich auf CDs oder DVDs brennen, um sie zu speichern oder auf einem Computer- oder Fernsehbildschirm wiederzugeben.

Veröffentliche deine Fotos online.

Zeige deine Fotos

Digitale Fotos kannst du deinen Freunden leicht per E-Mail senden. Oder stelle sie auf deine Homepage, wo sie sich jeder anschauen kann.

Was deine Kamera kann

Bei Digitalkameras kannst du meist zwischen zwei Modi wählen: Aufnahmemodus (das Bild auf dem LCD-Monitor wird von der Kamera aufgenommen) und Wiedergabemodus (auf dem LCD-Monitor kannst du deine Aufnahmen ansehen).

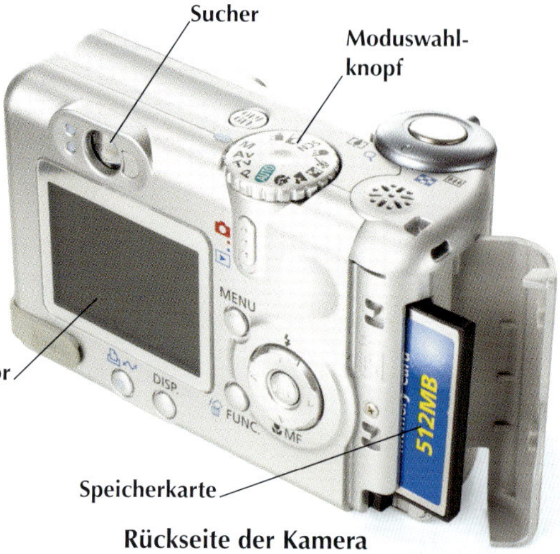

Rückseite der Kamera

Vorderseite der Kamera

Was tut was?

Die wichtigsten Bedienelemente wie der Ein-/Ausschalter, die Zoomtaste und der Auslöser, den du zum Aufnehmen drückst, sind leicht zu finden. Auch die Blitztaste, den Selbstauslöser und die Makrotaste (siehe S. 32) kannst du dir bald merken.

Kamerasymbole

Auf dem LCD-Monitor siehst du verschiedene Symbole. Sie zeigen an, auf welche der folgenden Aufnahmemodi deine Kamera eingestellt ist.

- Makro
- Selbstauslöser
- Blitz ein
- Blitz aus
- Serienbild
- Filmmodus

Aufnahmemodus

Speicherkarten

Digitalkameras speichern Aufnahmen als digitale Daten auf einer auswechselbaren Speicherkarte. So lassen sie sich leicht auf einen Computer oder Drucker übertragen. Dann kann die Karte gelöscht und wieder verwendet werden. Speicherkarten können hunderte oder sogar tausende von Bildern speichern.

Einsetzen der Speicherkarte in die Kamera

CompactFlash-Karte

SD-Karte

MemoryStick

Wichtige Kamerafunktionen

Aufnahmen einer Filmsequenz

Die Hersteller packen immer mehr Funktionen in digitale Kameras. Diese sollte deine Kamera haben:

- Starker optischer Zoom (siehe S. 20)
- Makroeinstellung – für echte Nahaufnahmen
- Filmmodus – macht Spaß, ersetzt aber keine Videokamera
- Serienbild – beim Drücken des Auslösers nimmt die Kamera fortlaufend Bilder auf
- Lange Verschlusszeiten – für Nachtaufnahmen
- Großer ISO-Bereich – damit der Kamerasensor lichtempfindlicher ist (siehe S. 22)
- Weißabgleich – damit Farben genau aufgenommen und Farbstiche von künstlichem Licht ausgeglichen werden (siehe S. 42)
- Eingebaute Spezialeffekte – etwa Bilder in kräftigen Farben, Schwarz-Weiß oder Sepia

Wiedergabemodus

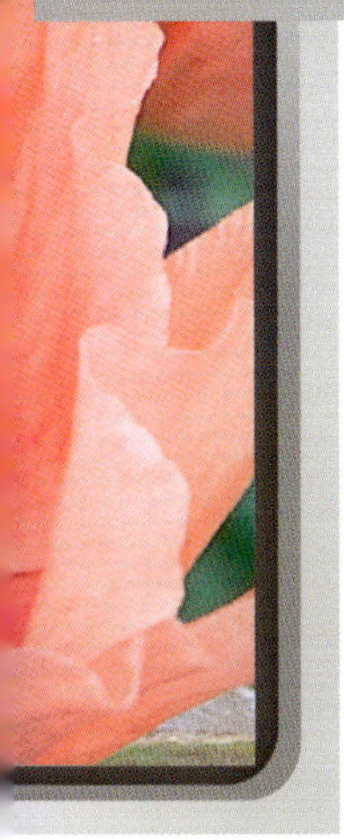

Verwenden des LCD-Monitors

Im LCD-Monitor kannst du deine Fotos betrachten. Blättere durch die Minibilder und prüfe dann Schärfe, Gesichtsausdruck und andere Details. Der Monitor zeigt auch Menüs für seltener verwendete Einstellungen wie Datum und Zeit, Bildauflösung und ISO-Empfindlichkeit.

TECHNIK-TIPP

Megapixel

Ein Megapixel ist eine Million Pixel. Eine Sechs-Megapixel-Kamera macht also Bilder mit je sechs Millionen Pixeln – sie sind z.B. 3000 Pixel breit und 2000 Pixel hoch. Je mehr Pixel dein Foto hat, desto besser kannst du es ohne Qualitätsverlust vergrößern oder zurechtschneiden.

Und los geht's...

Richte deine Digitalkamera einfach auf ein Bildmotiv und mach eine Aufnahme. Alles andere nimmt dir die Kamera ab – sie misst die Lichtmenge, berechnet die Belichtungszeit und überprüft, wie weit weg dein Motiv ist, um die Schärfe einzustellen. Du musst nur die Kamera ruhig halten, den Bildausschnitt wählen und den Auslöser betätigen.

1. **Schalte deine Kamera ein**. Wenn du den Blitz verwendest, schalte die Rote-Augen-Reduzierung ein.
2. **Wähle den Bildausschnitt**. Zoome oder gehe näher heran. Der LCD-Monitor zeigt meist eine bessere Vorschau als der Sucher.
3. **Betätige den Auslöser**. Halte halb gedrückt, bis ein Licht aufleuchtet, und drücke dann ganz durch. Vermeide ruckartige Bewegungen.

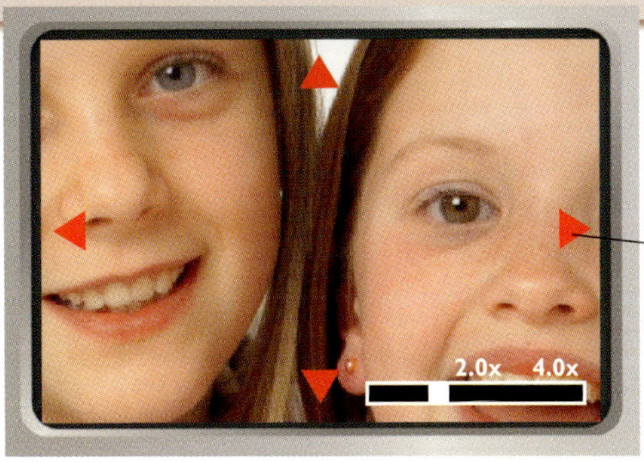

Im Wiedergabemodus überprüfst du, ob das Bild scharf ist.

4 Betrachte das Bild Schalte in den Wiedergabemodus und sieh dir das Foto, das du gemacht hast, genau an. Lächeln die Personen? Sind ihre Augen offen? Blicken sie in die Kamera?

Leicht unscharfes Bild

Schlechter Ausschnitt – die Köpfe sind angeschnitten.

Perfektes Bild – das behältst du.

5 Speichern oder löschen? Sei kritisch. Wenn dir das Bild nicht gefällt, mach ein neues – das kostet nichts und dieses Motiv wirst du so kaum wieder bekommen. Lösche alle Aufnahmen, die du nicht haben willst.

Bildqualität

Bei Digitalkameras kannst du die Qualität oder Auflösung deiner Aufnahmen einstellen.

Geringe Auflösung

Hohe Auflösung

Hohe oder geringe Auflösung?

Hoch aufgelöste Bilder bestehen aus vielen Pixeln, d.h. du kannst einen Bereich ausschneiden und vergrößern, ohne dass Pixel zu sehen sind. Solche Bilder benötigen viel Platz auf deiner Speicherkarte.

Große oder kleine Bilder?

Bilder mit geringer Auflösung, also weniger Pixeln, sind sinnvoll, wenn deine Speicherkarte nicht mehr viel Platz hat. Sie eignen sich auch gut für E-Mails oder das Internet. Beim Ausdruck in großen Formaten sieht man aber die Pixel.

Geringe Auflösung = kleines Bild

Hohe Auflösung = großes Bild

10 Tipps für bessere Bilder

Jeder kann super Fotos machen. Halte dich einfach an diese 10 leicht zu merkenden Tipps – mehr dazu auf den folgenden Seiten. Schau dir auch das Bild, das du machen willst, genau an, bevor du auf den Auslöser drückst. Wäre es besser, heran- oder wegzuzoomen, näher heran- oder weiter wegzugehen, nach links oder rechts oder in die Hocke? Wenn alles gut aussieht, drücke auf den Auslöser!

- **Tipp 1: Halte die Kamera ruhig**
- **Tipp 2: Stelle auf das Motiv scharf**
- **Tipp 3: Komponiere deine Bilder**
- **Tipp 4: Zoome näher heran**
- **Tipp 5: Gehe nie zu nah heran**
- **Tipp 6: Achte auf genügend Licht**
- **Tipp 7: Fotografiere nicht ins Licht**
- **Tipp 8: Prüfe den Hintergrund**
- **Tipp 9: Denke voraus**
- **Tipp 10: Mach mehr Bilder**

Was ging schief?

Sehen deine Fotos wie diese aus? Das wäre keine Überraschung. Dies sind einige Beispiele für die häufigsten Fehler von ganz normalen Amateurfotografen. So was lässt sich beim nächsten Mal leicht vermeiden.

Schlechter Ausschnitt Das Mädchen links ist fast nicht mehr im Bild, bei dem in der Mitte ist der Kopf abgeschnitten. Hier hilft ein besserer Ausschnitt.

Spiegelungen Wenn du durch Glas fotografierst, nimmst du vielleicht ein Spiegelbild deiner Kamera auf. Gehe ganz nah ans Glas heran und schalte den Blitz aus.

Spiegelung der Kamera im Glas

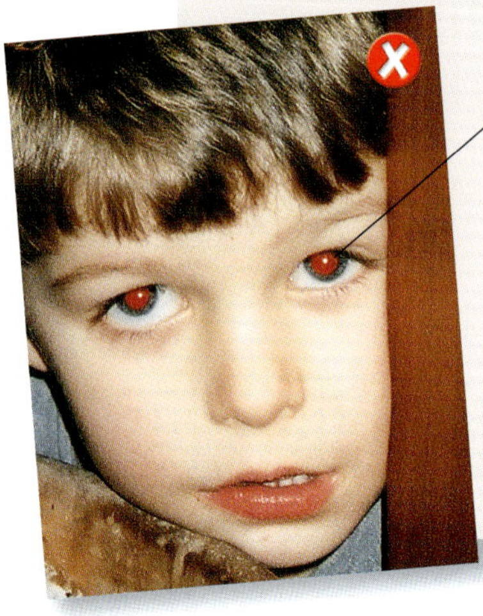

Der Blitz färbt die Augen rot.

Rote Augen Daran ist der Blitz schuld. Manche Kameras haben eine Rote-Augen-Reduzierung. Wenn die nicht hilft, kannst du das Problem aber auch später am Computer beheben.

Geringe Tiefenschärfe Die Augen des Lamas sind zwar scharf, aber nicht seine Nase und sein Maul. Versuche bei solchen Teleaufnahmen näher heranzugehen und zu einem weiteren Winkel wegzuzoomen.

Zu weit weg Dies ist ein misslungenes Foto: Die vier Personen sind viel zu weit weg und man sieht gar nicht, was sich da abspielt. Ein klassisches Beispiel dafür, dass es sich lohnt, näher heranzuzoomen.

Falscher Fokus Das Autofokus-System stellt auf die Bildmitte scharf statt auf die Jungen. Zentriere deshalb einen von ihnen, drücke den Auslöser halb und komponiere das Bild neu.

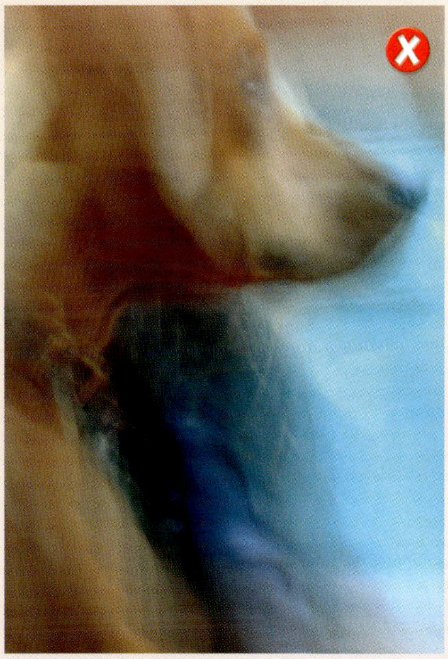

Verwackelt Dieses Foto ist unscharf, da sich die Kamera bei der Aufnahme bewegt hat. Bei langen Verschlusszeiten musst du die Kamera ruhig halten oder auf eine feste Unterlage legen.

Objektiv verdeckt Achte vor der Aufnahme darauf, dass das Objektiv deiner Kamera weder durch den Trageriemen noch durch deine Hand verdeckt wird.

Linseneffekte Bei Aufnahmen direkt in die Sonne werden Bildteile überbelichtet und Lichtmuster durch Reflexionen im Objektiv erzeugt. Eine Gegenlichtblende schafft Abhilfe.

1 Halte die Kamera ruhig

Wenn du die Kamera beim Aufnehmen bewegst, bekommst du fast immer ein unscharfes Foto. Während der Verschluss der Kamera offen ist, musst du sie absolut ruhig halten, um ein gestochen scharfes Bild zu erhalten.

Auch leichtes Wackeln führt zu Unschärfe.

Ein wenig wacklig?

Bei schwachem Licht, etwa im Wald, bleibt der Verschluss deiner Kamera länger offen, damit die Belichtung stimmt. Kannst du nicht mit Blitz arbeiten, etwa weil dein Motiv zu weit weg ist, stütze dich oder die Kamera an etwas Festem ab.

Für scharfe Fotos halte die Kamera ruhig.

Lege deine Arme und Hände auf den Boden.

Benutze den Sucher und stütze die Kamera am Gesicht ab.

Ziehe die Oberarme eng an den Körper.

Gut im Griff

Es gibt mehrere Techniken, die Kamera ruhig zu halten. Stütze die Ellbogen auf einem Tisch, an einer Wand oder einer Autotür ab. Schlage die Beine übereinander und stütze die Ellbogen auf den Knien ab oder lege dich auf den Boden. Im Stehen ziehst du die Ellbogen an, atmest ruhig und drückst beim Ausatmen auf den Auslöser.

Halte die Hände ruhig.

Stütze die Ellbogen auf eine feste Unterlage.

TECHNIK-TIPP

Ein Stativ verwenden

Unscharfe Aufnahme aus der Hand

Auf einem Stativ macht die Kamera ein gestochen scharfes Bild.

Stative sind meist gar nicht so teuer oder schwer, wie sie aussehen. Und damit lässt sich ein Verwackeln am besten vermeiden – Studio- und Landschaftsfotografen verwenden sie häufig. Hat deine Kamera einen Selbstauslöser, kannst du damit verhindern, dass die Kamera verreißt, wenn du auf den Auslöser drückst. Stelle eine Verzögerung von etwa zehn Sekunden ein und gehe aus dem Bild, während die Kamera die Aufnahme macht.

2 Stelle auf das Motiv scharf

In deinem Bild wird wohl kaum alles scharf sein. Sind Objekte nahe der Kamera scharf, dann sind Dinge in der Ferne meist unscharf – und umgekehrt. Den scharfen Bereich nennt man Tiefenschärfe. Deine Kamera fokussiert meist auf Objekte in der Bildmitte – nähere oder fernere Objekte an der Seite werden dann unscharf.

Hier ist das Gebäude im Hintergrund scharf, da es in der Mitte ist. Die Mädchen sind viel näher an der Kamera und beide sind sie unscharf.

1 **Vorfokussieren** Richte die Kamera auf etwas im Bild, das scharf sein soll, und halte den Auslöser halb gedrückt.

2 **Umkomponieren** Ohne den Finger vom Auslöser zu nehmen, komponierst du dein Bild so um, wie du es haben willst. Drücke den Auslöser erst dann ganz durch.

3 Komponiere deine Bilder

Beim Komponieren legst du fest, was auf deinem Bild zu sehen ist und was nicht. Bist du zu weit weg? Zu nah? Und was siehst du im Hintergrund? Komposition hat auch etwas damit zu tun, wie du die Kamera hältst (aufrecht oder schräg) und welchen Blickwinkel du hast. Nimmst du von vorn, von der Seite, von unten oder von oben auf? Lass dir Zeit, um dein Bild zu „sehen" und zu prüfen, ob es dir gefällt, bevor du auf den Auslöser drückst.

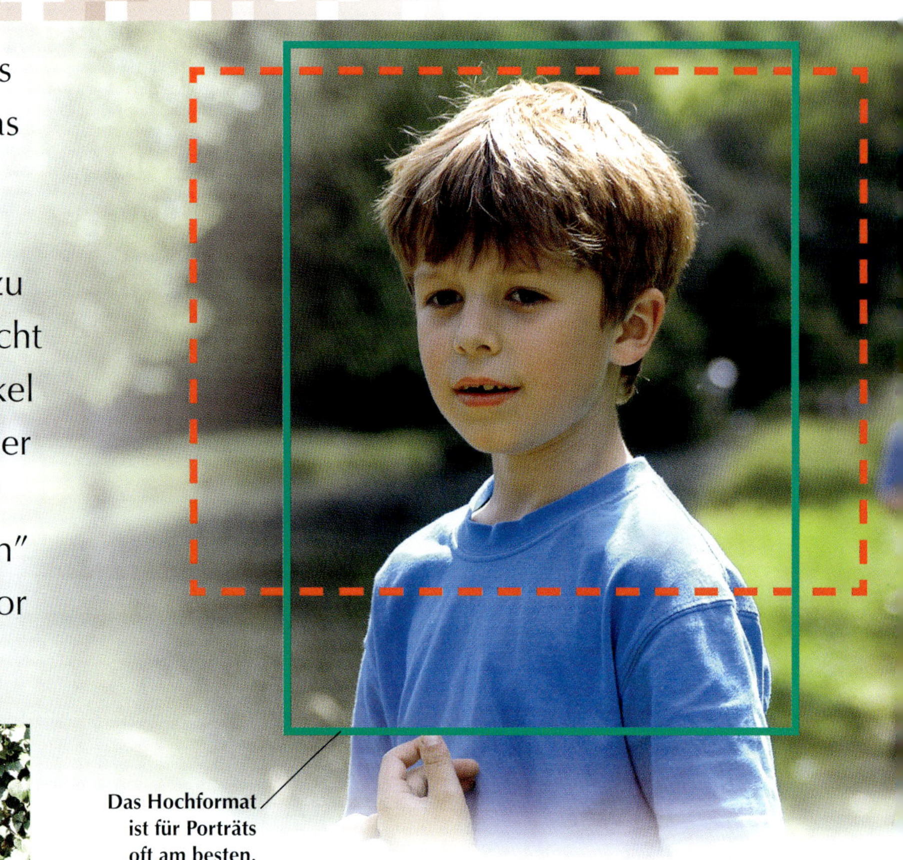

Das Hochformat ist für Porträts oft am besten.

Diese symmetrische Anordnung ist nicht sehr interessant.

Wähle ein Format

Drehe deine Kamera ruhig um 90° zur Seite. Denn Porträts von Menschen (Kopf und Schultern) sind oft besser im Hochformat – doch viele Anfänger knipsen sie im Querformat, wie Landschaften.

Mittendrin

Was ist an diesem Bild falsch? Auf den ersten Blick vielleicht nicht viel. Der Junge ist in der Bildmitte, eingerahmt von den Kübelpflanzen. Dennoch wirkt die Symmetrie im Foto etwas langweilig.

Am Rand

Zwei Dinge sind hier anders. Erstens sind wir viel näher dran und können den Gesichtsausdruck des Jungen erkennen. Zweitens ist er nun ein wenig seitlich im Bild, was die Komposition interessanter macht. Fotografen teilen das Bild oft in drei Teile.

Ein interessanter Vordergrund

Fotos von Landschaften sehen oft viel weniger schön oder aufregend aus als in Wirklichkeit. Ein Objekt im Vordergrund vermittelt auf Landschaftsfotos ein Gefühl von Größe und Weite.

Objekte im Vordergrund vermitteln ein Gefühl von Tiefe.

Durchgänge und Bögen bilden natürliche Rahmen.

Eine tolle Komposition aus einfachen Diagonalen und nur zwei Farben

Diagonale Linien

Dieses Bild enthält nur Reihen von Tulpen, weist aber eine starke Komposition auf. Versuche ähnlich abstrakte Bilder zu machen – z. B. mit Baumstämmen, Geländern oder Schatten.

Eingerahmt

Besonders anziehend sind Motive, die auf irgendeine Art eingerahmt sind. Fenster und Türen eignen sich perfekt, du kannst aber auch mithilfe von Stämmen und Ästen Bilderrahmen erzeugen.

Rauf oder runter

Beim Fotografieren solltest du meist auf der gleichen Ebene wie dein Motiv sein. Tolle Bilder bekommst du aber auch, wenn du sie aus ungewöhnlichen Blickwinkeln aufnimmst, indem du die Kamera hoch hältst und nach unten richtest … oder indem du auf dem Boden liegst und nach oben fotografierst.

Ein Blätterdach fängst du ein, indem du die Kamera auf den Boden legst.

Stelle dich auf einen Stuhl und fotografiere nach unten.

Halte deine Kamera über den Kopf.

4 Zoome näher heran

Ein zu weit entferntes Motiv aufzunehmen ist ein häufiger Fehler. Zoome entweder heran, damit das Motiv den Rahmen füllt, oder gehe einfach näher ran. Lass einen langweiligen Hintergrund weg und konzentriere dich auf das, was wirklich interessant ist, dann machst du viel bessere Fotos.

1 **Zu weit** Das Mädchen ist zu weit weg, im Vordergrund ist zu viel Straße und im Hintergrund sind zu viele Gebäude und Menschen.

2 **Näher heranzoomen** Nun füllen das blaue Kleid und der rosa Kopfschmuck des Mädchens den Rahmen. Doch der Hintergrund ist immer noch wirr und man sieht den Gesichtsausdruck des Mädchens nicht.

Kleine Details am Kostüm des Mädchens werden sichtbar, wenn du richtig nah herangehst.

TECHNIK-TIPP

Was ist der digitale Zoom?

Digitales Zoomen zeigt die Pixel.

Viele Digitalkameras haben heute einen optischen und einen digitalen Zoom.

Beim **optischen Zoomen** bewegt sich das Objektiv im Kameragehäuse vor und zurück. Der Blickwinkel ändert sich, sodass Motive vergrößert werden.

Der **digitale Zoom** erfolgt im Prozessor der Kamera, der einen Teil des optischen Bildes auswählt und elektronisch vergrößert. Allerdings verschlechtert sich damit die Qualität des Bildes. Besser ist es, wenn du einfach näher herangehst.

3 **Erfasst!** Jetzt sind wir so nah, dass wir das Lächeln des Mädchens und Einzelheiten in ihrem Kopfschmuck sehen. Das Bild ist jetzt wirklich lebendig.

Gehe näher heran

Bei Aufnahmen von Menschen ist das Gesicht am wichtigsten. Bist du zu weit weg, wirst du den Gesichtsausdruck nicht einfangen. Wenn du nicht zoomen kannst, gehe einfach näher heran.

Zu weit weg
Du brauchst weder den Körper des Jungen noch die Büsche oder den Zaun im Hintergrund, sondern nur sein Gesicht.

Näher heran
Indem du einfach näher herangehst, erhältst du ein besseres Foto. Es zeigt das bemalte Gesicht des Jungen und lässt den ablenkenden Hintergrund weg.

5 Gehe nie zu nah heran

Bist du zu nah, kann deine Kamera nicht richtig fokussieren. Sie warnt dich, lässt dich aber fotografieren. Dann hast du ein unscharfes Bild. Für echte Nahaufnahmen hat deine Kamera vielleicht eine Makroeinstellung (siehe S. 32).

Zu nah

Ungefähr richtig

6 Achte auf genügend Licht

Ohne genügend Licht wird dein Foto unterbelichtet. Der Kamerasensor kann keine Details erfassen – das Bild wird dunkel. Digitalkameras messen die Lichtstärke meist automatisch und lösen bei zu wenig Licht den Blitz aus. Aber manchmal bekommst du bessere Bilder, wenn du die Lichtempfindlichkeit deiner Kamera erhöhst oder eine lange Belichtungszeit nimmst und die Kamera auf einen festen Untergrund stellst.

Die Bühne ist noch dunkel – sie ist zu weit weg.

Der Blitz erfasst Personen in Kameranähe.

Blitzen hilft nicht immer

Der Blitz hellt Dinge auf, wenn es zu dunkel ist, reicht aber nicht weit. Selbst wenn die Kamera anzeigt, dass sie ein Bild machen kann, erfasst der Blitz nicht immer das, was du eigentlich zeigen willst.

Völlig schwarz – du erkennst nichts!

Details sind sogar im Schatten sichtbar.

Genau die richtige Menge Licht

Die richtige Belichtung ist schwierig einzuschätzen: Bei zu viel Licht wird das Foto überbelichtet, bei zu wenig unterbelichtet. Der Unterschied: Überbelichtete Fotos sind blass und verwaschen, unterbelichtete Bilder sind dunkel und düster.

TECHNIK-TIPP

Die Empfindlichkeit einstellen

Das Tolle an vielen Digitalkameras ist, dass du die Lichtempfindlichkeit (ISO) des Bildsensors erhöhen und damit bei schwachem Licht ohne Blitz aufnehmen kannst. Doch achte darauf: Mit hohem ISO-Wert aufgenommene Fotos zeigen beim Vergrößern seltsame Farbflecken, Rauschen genannt.

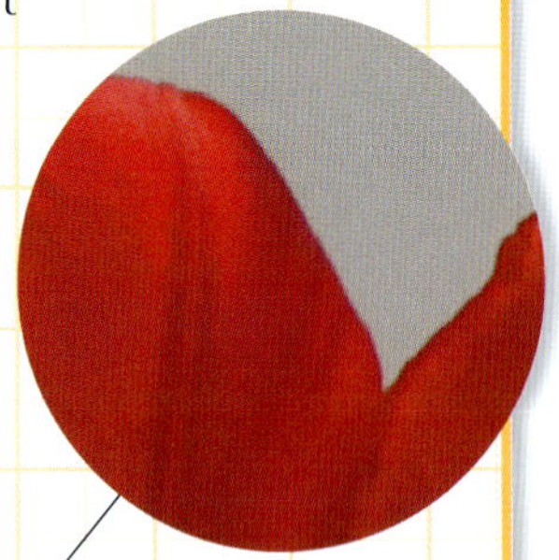

Geringes Rauschen

Bild in normaler Größe

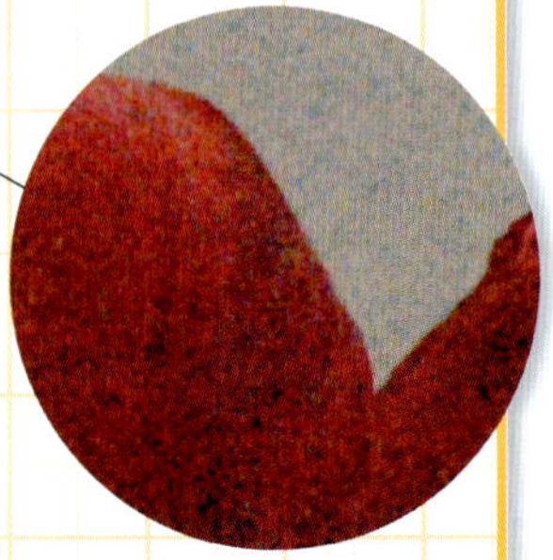

Starkes Rauschen

Blitz an oder aus?

Mit Blitz

Bei solchen Nahaufnahmen in Innenräumen wird der Blitz fast immer ausgelöst. Die Belichtung mag zwar richtig sein, doch der helle Blitz macht das Bild hart, blass und unnatürlich.

Ohne Blitz

Stellst du den Blitz aus, bekommst du ein wärmeres, natürlicheres Licht. Doch während der erforderlichen längeren Belichtungszeit kannst du die Kamera kaum ruhig halten: Das Foto wird unscharf.

Kein Blitz – aber Kamera fixiert

Die perfekte Lösung: Stelle die Kamera auf den Tisch oder nimm ein Stativ, damit sie absolut ruhig ist. So bekommst du ein gestochen scharfes Kerzenlichtbild.

7 Fotografiere nicht ins Licht

Szenen in starkem Licht – bei Sonnenschein, hellem Himmel oder Licht, das durch ein Fenster einfällt – täuschen auch die besten Automatikkameras. Die hellsten Bereiche sind richtig belichtet, alles andere ist unterbelichtet.

Unterbelichtet

Hier hat die Kamera das Licht am hellen Wüstenhimmel gemessen und dafür die richtige Belichtungszeit errechnet. Das Kamel und der Reiter sind unterbelichtet und daher zu dunkel.

Richtig belichtet

Wenn du ins Licht fotografierst, stelle auch im Freien den Blitz an. Er beleuchtet die Seite von Kamel und Reiter, die dir zugewandt ist. Motiv und Himmel werden nun richtig belichtet.

8 Prüfe den Hintergrund

Meist konzentriert man sich so sehr auf das Hauptmotiv, dass man übersieht, was sich im Hintergrund befindet. Das führt zu unruhigen Bildern oder klassischen Fehlern wie Fernsehantennen, die aus den Köpfen von Personen sprießen.

Der Mast ragt aus dem Kopf.

Der Hintergrund ist zu unruhig.

Lerne alles zu sehen

Um Fehler zu vermeiden, nimm dir Zeit, um alles im Rahmen sorgfältig zu betrachten, bevor du auf den Auslöser drückst. Stört dich etwas im Hintergrund, zoome näher heran, gehe zur Seite oder in die Hocke, um einen anderen Blickwinkel zu bekommen.

Klassische Fehler

Ein verworrener Hintergrund verdirbt das Bild oben, im Bild links steht ein Mast ungünstig.

9 Denke voraus

Automatikkameras müssen viel berechnen und oft gibt es zwischen dem Drücken des Auslösers und der Aufnahme eine gewisse Verzögerung, die Auslöseverzögerung.

Der Junge hat bereits geschlagen – der Ball ist aus dem Bild.

Zu spät!

Wird die Aufnahme gemacht, ist alles vorbei. Du hast den richtigen Moment verpasst.

So trickst du die Kamera aus

Du musst vorausdenken und deine Kamera dazu bringen, ihre Rechenarbeit zu tun, bevor du dein Bild aufnimmst.

1. **Gehe in Position**. Fange den Jungen vor dem Auslösen mit dem Zoom ein.
2. **Drücke den Auslöser halb** und halte ihn gedrückt. Deine Kamera stellt auf den Jungen scharf und berechnet die Belichtung.
3. **Wähle den Moment**. Drücke den Auslöser ganz durch, um dein Bild aufzunehmen. Bewege deine Kamera erst ein paar Augenblicke nach dem Klicken.

Durch Vorfokussieren und Vorausdenken kannst du den richtigen Moment einfangen.

10 Mach mehr Bilder

Digitalfotos aufzunehmen kostet nichts. Den richtigen Moment in einem temporeichen Geschehen oder den perfekten Gesichtsausdruck eines Menschen einzufangen ist Glückssache. Mach also so viele Fotos wie möglich. Später löschst du dann die, die du nicht willst.

Eine schaut weg.

Sie reden und lachen noch.

Noch nicht bereit

Endlich … alle sehen gut aus.

Das beste Foto

Gute Gruppenfotos zu machen ist wirklich schwer. Nur selten lächeln alle Personen gleichzeitig, haben die Augen offen und schauen in die Kamera. Drei Personen sehen gerade perfekt aus – da zwinkert die vierte, kichert, niest oder schaut weg. Mach daher viele Aufnahmen und wähle dann die beste aus.

TECHNIK-TIPP

Serienaufnahmen

Viele Digitalkameras können eine kurze Serie von Bildern nacheinander aufnehmen, solange du den Auslöser gedrückt hältst. Vielleicht musst du eine schlechtere Bildqualität wählen, aber Serienaufnahmen sind praktisch beim Einfangen bewegter Motive wie diesem tanzenden Mädchen.

2

Was will ich fotografieren?

Tolle Porträts

Menschen reagieren vor einer Kamera unterschiedlich. Manche fühlen sich wohl und sind daher leicht zu fotografieren. Andere verkrampfen sich – hilf ihnen sich zu entspannen.

So klappt's

Hier sind einige Tipps für tolle Porträtaufnahmen:

1. **Nimm weiter auf**. Je mehr Bilder du machst, desto eher bekommst du das richtige Foto.
2. **Rede weiter**. Dein Gegenüber entspannt sich, wenn du erklärst, was du tust.
3. **Nimm den Zoom**. Das ist besser, als zu nah heranzugehen.
4. **Schalte auf Wiedergabe**. Zeige deinem Gegenüber, wie gut es auf den Fotos aussieht.

Schnappschüsse sind natürlich und ungezwungen.

Gestellte Bilder können gezwungen wirken.

Spontan oder gestellt?

Ein gestelltes Bild wird von dir bewusst komponiert. Du bestimmst, wo dein Modell stehen soll, was im Hintergrund zu sehen ist und welche Requisiten dazukommen. Schnappschüsse sind viel spontaner. Sie mögen technisch nicht so gut sein, sind aber lebendiger.

TECHNIK-TIPP

Selbstporträts

Willst du dich selbst – allein oder in einer Gruppe – fotografieren, verwendest du die Selbstauslöserfunktion. Stelle die Kamera auf ein Stativ oder eine feste Oberfläche und lass die anderen in Position gehen. Löse den Selbstauslöser aus und zähle laut, während du dich zur Gruppe stellst – dann lächeln alle, wenn es klickt.

Stelle die Selbstauslöserfunktion ein.

Auf einem Stativ steht die Kamera ruhig.

So sehen Menschen gut aus

Das Persönliche einfangen

Willst du zeigen, wie Menschen wirklich sind, fotografierst du sie bei ihrer Lieblingstätigkeit. Diese Nahaufnahme gibt den konzentrierten Ausdruck des Mädchens wieder, während es den Ton auf der Töpferscheibe formt.

Charakterstudien

Ältere Menschen haben oft interessante Gesichter. Zoome nah heran und bitte sie, direkt in die Kamera zu schauen. Später kannst du auf dem Computer ein Farbfoto in ein Schwarz-Weiß- oder Sepia-Foto umwandeln.

Aus einem niedrigen Blickwinkel schauen wir in ihre Nase!

Ein Halbporträt auf Augenhöhe

Der beste Winkel

Die vorteilhaftesten Fotos machst du in Augenhöhe der Person. Oft hilft es auch, ihr Gesicht in einem leichten Winkel zu zeigen. Am ungünstigsten sind Fotos von unten – sie betonen Kinn und Nase, machen Augen klein, Ohren groß und zeigen kaum Haare.

Weitwinkelaufnahmen verzerren Kinn, Nase und Stirn.

Teleeinstellungen sind immer vorteilhafter.

Nah oder weit weg?

Es ist besser, Abstand zu halten und das Gesicht der Person heranzuzoomen als näher heranzugehen und auf Weitwinkel wegzuzoomen. Zu große Nähe verzerrt und übertreibt Gesichtszüge – sehr unvorteilhaft.

Urlaubsfotos

Die besten Urlaubsfotos zeigen außergewöhnliche Ansichten. Die klassischen Touristenmotive sind langweilig. Oft liegt das Geheimnis darin, dass man eigene Wege geht und Dinge sieht, die niemand sonst aufnimmt.

Ein langweiliges Touristenfoto, ohne Sinn für Dramatik

So klappt's

Suche etwas Interessantes und Ungewöhnliches – etwas, was die Atmosphäre eines Ortes einfängt.

1. **Suche** nach neuen Blickwinkeln und Ansichten.
2. **Nimm Menschen auf**. Einheimische spiegeln den Charakter eines Ortes.
3. **Zeige Details**. Nahaufnahmen sind eine Alternative zu den üblichen Postkartenansichten.
4. **Führe ein Fototagebuch**. Plane die Vorführung im Voraus, die du zu Hause geben wirst.

Dynamische Winkel

Hohe Bauwerke wirken am dramatischsten, wenn du sie in einem extremen Winkel von unten fotografierst. Von vorn und aus mittlerer Entfernung sind sie nicht so eindrucksvoll. Diese Ansicht des Pariser Eiffelturms wurde abends aufgenommen, als die Lichter brannten.

TECHNIK-TIPP

Sonnenuntergänge

Digitalkameras kommen mit Sonnenuntergängen meist ziemlich gut zurecht. Da bei schwachem Licht die Belichtungszeiten recht lang sind, musst du die Kamera aber ruhig halten. Verwende interessante Silhouetten im Vordergrund und zoome die Sonne möglichst groß heran. Schau aber nicht direkt in die Sonne, sondern verwende den LCD-Monitor.

Landschaften fotografieren

Landschaften zu fotografieren ist immer schwierig. Selten sehen sie auf Fotos so groß oder so schön aus wie in Wirklichkeit. Ein Rahmen mit Blickfang im Vordergrund verdeckt einen langweiligen leeren Himmel und vermittelt ein Gefühl von Tiefe und Weite.

Blumen sorgen für Farbe und Tiefe und führen das Auge ins Bild hinein.

Fast das halbe Bild ist leerer blauer Himmel.

Im Vordergrund deutet nichts an, wie groß oder wie weit entfernt die Berge sind.

Ein Foto von oben vermittelt einen anderen Blick auf die Dinge.

Vogelperspektive

Aufnahmen von oben liefern ungewöhnliche und interessante Ansichten. Dieses Foto wurde von einer Brücke gemacht, unter der das Boot des Obstverkäufers durchfuhr.

Einheimische

Auf Straßenmärkten kannst du gute Schnappschüsse von Einheimischen machen – und im Trubel fällst du kaum auf. Die meisten Menschen haben nichts dagegen fotografiert zu werden, aber wenn sie nicht mögen, lass es besser.

Tierfotos

Für tolle Tierfotos musst du nicht in ferne Länder fahren. Statt auf Safari zu gehen, durch den Regenwald zu wandern oder die Antarktis zu besuchen, fotografiere doch einfach dein Haustier oder Tiere im Garten oder Park. Oder nimm doch die Kamera in den Zoo mit. Die besten Tierfotografen haben genau so angefangen!

So klappt's

Hier sind ein paar Tipps, wie du tolle Tierfotos machst:

1. **Beobachte** das Tier geduldig und warte den perfekten Moment ab.
2. **Vorsicht!** Vermeide plötzliche Geräusche oder Bewegungen.
3. **Zoome** so nah wie möglich an dein Motiv heran.
4. **Schalte den Blitz aus**. Er kann Tiere verscheuchen.
5. **Sei möglichst leise**. Wenn es geht, schalte das Verschlussgeräusch aus.

Das Eichhörnchen hebt sich vom Hintergrund nicht ab.

Was ging schief?

Das Eichhörnchen ist zu weit weg, sodass es selbst mit einem Zoom im Bild zu klein ist. Und da es die gleiche Farbe wie der Hintergrund hat, ist es noch schwerer zu sehen. Am besten du vergrößerst dieses Foto am Computer.

TECHNIK-TIPP

Richtig nah herangehen

Mit der Makroeinstellung kannst du bis auf 5 cm an Motive herangehen – ideal für Nahaufnahmen von Käfern, Raupen, Schnecken und anderen Krabbeltieren. Ein preiswertes Ministativ hält deine Kamera ruhig und hilft, unscharfe Fotos zu vermeiden. Verwende den Selbstauslöser, damit die Kamera nicht verreißt, wenn du auf den Auslöser drückst.

Ein Ministativ verhindert Verwackeln.

Perfektes Bild

Dieses tolle Foto von einem Eichhörnchen zeigt seine akrobatischen Künste. Der Fotograf kam so nah heran, weil das Tier mit seinem Futter beschäftigt war. Bei dieser starken Komposition ohne störendes Beiwerk ist das Eichhörnchen in der Bildmitte. Sein Kopf ist scharf, der hellblaue Hintergrund dagegen schön unscharf.

Außenaufnahmen

Auf dem Bauernhof

Nutztiere sind meist an Menschen gewöhnt und erschrecken kaum vor einer Kamera. Für so eine ungewöhnliche Nahaufnahme stellst du den Zoom auf Weitwinkel und gehst möglichst nah heran.

Im Zoo

Im Zoo kommst du auch an gefährliche Tiere nah heran. Halte dein Kameraobjektiv ganz nah an die Glasscheibe oder den Käfig. So werden Gitter oder Maschendrahtzäune auf dem Bild nicht zu sehen sein.

Im Garten

Eine Futterstelle im Garten lockt Vögel an. Damit sie vor deiner Kamera posieren, beobachte sie und lass sie sich an deine Gegenwart gewöhnen.

Im Park

Tierfotos gelingen besser, wenn du möglichst nah herangehst, aber Wild ist besonders scheu. Näherst du dich langsam, vorsichtig und geduldig, merken Mutter und Kind vielleicht nicht, dass du da bist.

Zu Hause

Nimm deine Katze oder deinen Hund bei ihrer Lieblingstätigkeit auf: beim Essen, Spielen oder Schlafen.

Sportaufnahmen

Bei großen Sportveranstaltungen siehst du Profifotografen mit riesigen Teleobjektiven. Damit machen sie fantastische Bilder, die ein echtes Gefühl von Action vermitteln. Aber auch ohne ein großes Objektiv kannst du tolle Sportfotos machen.

So klappt's

Hier sind einige Tipps für aufregende Sportaufnahmen:

1. **Gehe in Position**. Überlege im Voraus, wo du dich hinstellst.
2. **Stelle dir vor**, was geschehen wird – so bist du im richtigen Moment bereit.
3. **Arbeite mit Zoom**. Telefotos versetzen dich mitten in die Action.
4. **Schnelle Verschlusszeiten** Erhöhe die ISO, wenn du kannst.
5. **Serienfunktion** Stelle deine Kamera so ein, dass sie beim Auslösen eine Fotoserie aufnimmt.

Was ist hier schief gegangen?

An sich ist das kein schlechtes Bild: Der Junge ist im Fokus und mitten in der Luft. Aber die Frontalansicht vermittelt kein Tempogefühl, der Hintergrund lenkt ab und natürlich stört der Laternenpfahl.

Störender Hintergrund

Der Laternenpfahl verdirbt das Bild.

Zur richtigen Zeit am richtigen Ort

Willst du einen Bewegungsablauf aufnehmen, bei dem der Sportler an die gleiche Position zurückkehrt, gehe in Stellung, fokussiere auf die richtige Stelle vor und warte, bis er wiederkommt. Nimmst du aus der Hocke auf, hast du den freien Himmel als Hintergrund.

TECHNIK-TIPP

Bewegungsunschärfe

Manchmal ist ein unscharfes Bild gar nicht schlecht. Hier bewegen sich zwei Kampfsportschüler so schnell, dass die Kamera die Action nicht scharf festhalten konnte. Doch gerade die Unschärfe vermittelt ein tolles Gefühl von Tempo und Bewegung.

Herangehen

Wie nah kommst du heran? Leider gibt es oft eine Grenze. Bei einem Fußballspiel gelangst du ja nicht direkt zu den Spielern auf den Platz. Verwende daher den Zoom.

Die dunklen Bereiche lassen sich entfernen.

1 **Zoome ganz nah heran.** Aber nimm nicht den Digitalzoom – er liefert nicht die Bildqualität, die du zum Freistellen brauchst (siehe S. 20).

2 **Stelle das Bild frei.** Übertrage es auf deinen Computer und lösche danach alle leeren oder überflüssigen Bildbereiche.

3 **Endgültiges Bild** Hier ist man viel näher an der Action. Das Hochformat eignet sich auch besser für das Motiv als das Querformat.

Dramatische Momente

Ein Radrennfahrer genießt eine kühle Dusche.

Gute Sportfotos müssen nicht nur die Action oder das Spiel selbst zeigen. Tolle Bilder kannst du auch machen, wenn du die Reaktionen der Zuschauer aufnimmst, besonders im Augenblick der Vorfreude, des Triumphs oder der Niederlage. Bemühe dich auch um Schnappschüsse von Wettkämpfern, die sich vor dem Start eines Laufes angespannt konzentrieren, am Ende eines Spiels erschöpft sind oder glücklich den Siegerpreis entgegennehmen.

Die Zuschauer sind genauso aufgeregt wie die Spieler.

Modefotos

Modefotos leben vom Stil. Sieh dir Bilder im Fernsehen, in Zeitschriften oder auf Plakatwänden an – sie sind originell und auffällig. Hier kannst du nach Herzenslust gegen alle Regeln verstoßen.

Grafischer Hintergrund

Weg von der Mitte

So klappt's

Hier können Fehler gerade richtig sein.

1. **Achte auf den Blickwinkel**. Fotografiere von ganz oben oder ganz unten.
2. **Gehe dicht heran**. Zoome auf Details – das Gesicht des Modells muss nicht im Bild sein.
3. **Unscharf?** Vielleicht spielt das keine Rolle – solange die Wirkung gut ist.
4. **Experimentiere mit Licht**. Spiele mit Farben, Schatten und Spiegelungen.

Die Graffitiwand gehört genauso ins Bild wie das Mädchen.

Außenaufnahmen

Fotografierst du im Freien, suche nach Orten mit interessantem oder ungewöhnlichem Hintergrund. So was findet man in der Großstadt wie auch in malerischen Landschaften.

Bitte dein Modell, zu tanzen oder herumzuwirbeln – das wirkt gelöster.

Bewegung einfangen

Mit dem Blitz hältst du dein Modell in der Bewegung fest. Oder du stellst die Kamera auf ein Stativ und schaltest den Blitz aus. Mit einer langen Verschlusszeit erzeugst du Bewegungsunschärfe.

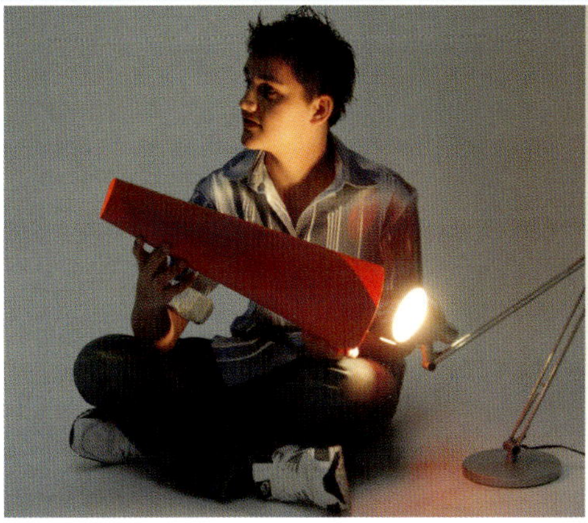

Scheinwerfer

Ein „Rüssel" macht aus einer normalen Lampe einen Scheinwerfer. Lass einen Freund eine Rolle aus kräftigem Papier oder Karton vor eine verstellbare Lampe halten. Vorsicht – die Birne kann sehr heiß werden!

Ein starker Schatten sorgt für Atmosphäre.

Dramatische Schatten

Starke Lampen nah an deinem Modell erzeugen Schlagschatten im Hintergrund. Experimentiere mit Tisch- oder Schreibtischlampen, bis du die gewünschten Schatten erzielst.

Mit verstellbaren Schreibtischlampen kannst du das Licht genau auf die gewünschte Stelle richten.

TECHNIK-TIPP

Mit farbigem Licht spielen

Für Modefotos sind unrealistische Farben kein Problem, sie können sogar tolle Effekte erzielen. Verwende also verschiedenfarbige Glühbirnen und richte sie auf dein Modell. Du kannst auch „Filter" aus farbigem Zellophan herstellen und vor Fenster oder Lampen spannen – wie man es beim Theater oder Film macht.

Mehrfarbiges Licht Zwei farbige Leuchten wurden hier verwendet: Blau von links und Rot von rechts.

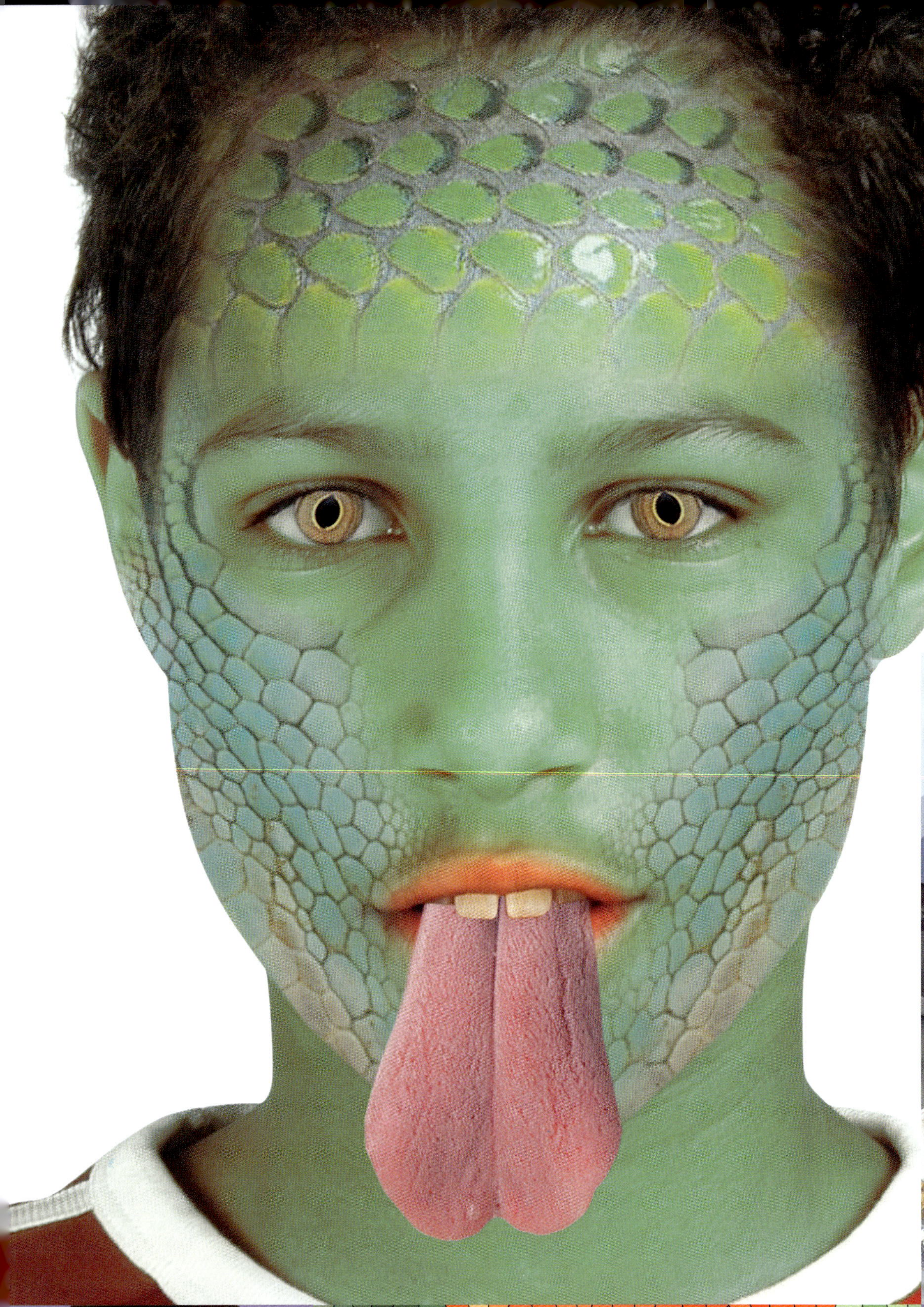

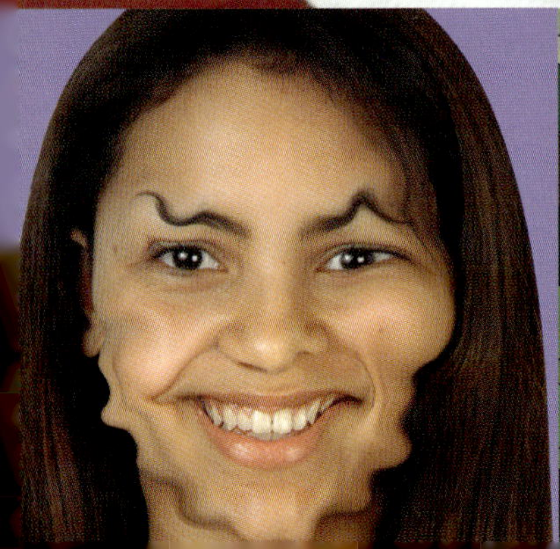

3

Digitale Tricks

Von der Kamera auf den Computer

Deine Kamera speichert Fotos auf einer Speicherkarte, bis du sie löschst. Vorher solltest du sie jedoch auf deinen Computer übertragen oder downloaden. Dort kannst du sie bearbeiten und sicher speichern.

Die Speicherkarte ins Lesegerät stecken

USB-Kabel

Deine Kamera wird über ein spezielles Kabel, das USB-Kabel, mit einem Computer verbunden. Zunächst musst du eine Software auf dem Computer installieren. Dann kannst du Fotos aus der Kamera übertragen.

Kartenlesegerät

Du kannst auch die Speicherkarte aus der Kamera herausnehmen und in ein Kartenlesegerät stecken, das mit deinem Computer verbunden ist. So belastet das Downloaden von Fotos die Kamerabatterie nicht.

TECHNIK-TIPP

Fotos sichern

Sicherungskopien sind wichtig. Computer können abstürzen, Festplatten kaputtgehen und Bilddateien zufällig gelöscht werden. Stell dir vor, all deine Fotos gehen verloren und du bekommst sie nie wieder. Lege also immer Sicherungskopien auf einer zweiten Festplatte oder auf CDs an, die du an einem sicheren Ort aufbewahrst.

Beschreibbare CDs für das Sichern

CD-Einlagen mit Minibildern

Mit Minibildern kannst du deine Fotos sichten und sortieren.

Fotoschau

Wenn du Fotos aus deiner Kamera downloadest, werden sie als digitale Bildordner übertragen. Dein Computerbildschirm zeigt sie als Minibilder. Dann kannst du sie leicht benennen, zu Sammlungen ordnen und vergrößern, um sie zu bearbeiten.

Schnellbearbeitung in 5 Schritten

So kannst du im Nu jedes Foto verbessern. Pro Bild dauert es nur etwa zwei Minuten – und es lohnt sich!

1 Öffne dein Foto. Betrachte das Bild mit einer Bildbearbeitungssoftware auf deinem Computer.

2 Drehe es. Hast du das Bild hochkant aufgenommen und es erscheint auf dem Bildschirm quer, musst du es drehen.

3 Rücke es gerade. Jetzt kannst du alle schiefen Horizonte oder Gebäude ausrichten, die nicht ganz waagerecht oder senkrecht sind.

Bild nach links drehen – der schiefe Horizont wird gerade.

4 Beschneide es. Dein Bild wird viel besser, wenn du das interessanteste Stück ausschneidest. Ziehe einen Kasten um diesen Bereich und lösche den Rest.

Durch Beschneiden holst du das Motiv näher heran.

5

5 Das perfekte Foto! Speichere das Bild als neue Datei und benenne sie (vielleicht samt Datum), um sie wiederzufinden. Das unbearbeitete Originalfoto kannst du als Sicherungsdatei speichern.

Fotos verbessern

Fast jedes normale Foto kann großartig aussehen, sobald man es am Computer bearbeitet. Matte Fotos kann man aufhellen und Farben kräftiger oder natürlicher wirken lassen. Selbst schreckliche Fehler kann man beheben. Mit fast jeder Bildbearbeitungssoftware kannst du die hier gezeigten Korrekturen vornehmen.

Bei ungenügendem Kontrast sind weiße und schwarze Flächen zu grau.

Helligkeit und Kontrast

Sieht dein Bild matt und flach aus? Dann kannst du es aufhellen und den Kontrast verstärken. Meist geschieht dies mit Schiebereglern, sodass du den erzielten Effekt siehst. Bei Photoshop findest du im Menü *Überarbeiten* die Einstellung *Auto-Kontrast* – sie erledigt das mit einem Klick.

Weißer Schnee hat oft einen blauen oder grauen Farbstich vom Himmel.

Farbstiche beseitigen

Fotos mit einem durchgehenden Farbton haben einen Farbstich. Er kann durch die Farbänderungen des natürlichen Lichtes im Laufe des Tages oder durch die Farbe von künstlichem Innenlicht entstehen. Kameras gleichen Farbstiche meist automatisch aus, du kannst aber auch ausgewählte Farben leicht am Computer bearbeiten.

Rote Pupillen sind ein häufiger Nebeneffekt beim Blitzen.

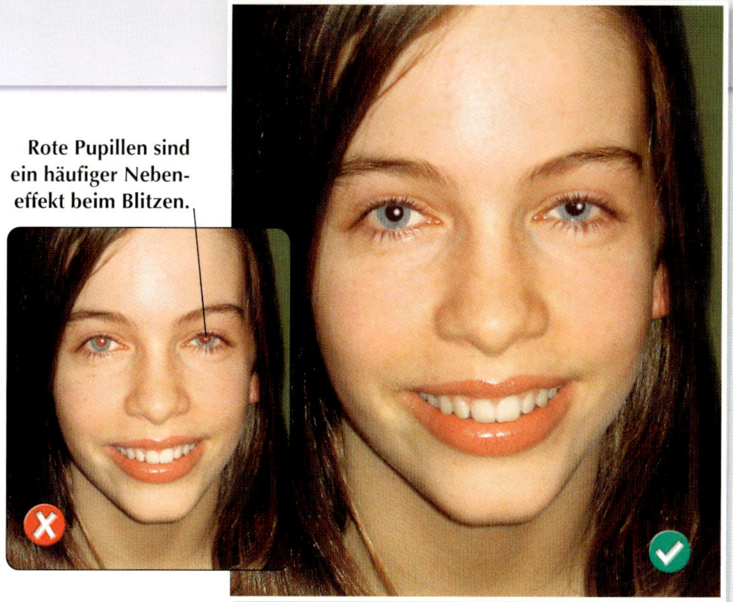

Rote Augen entfernen

Blitzt du jemandem direkt in die Augen, können die Pupillen rot abgebildet werden. Bei Photoshop kannst du mit dem *Rote-Augen-entfernen*-Werkzeug das Rot leicht in Schwarz umändern. Sonst musst du den roten Bereich auswählen und durch Schwarz ersetzen.

Fotos retuschieren

Bilder können durch unerwünschte Elemente verdorben sein, z.B. durch Schilder, Kabel, Graffitis. Sie lassen sich fast genauso leicht retuschieren, als würdest du auf einer Zeichnung radieren. Kopiere einfach ein ähnliches Stück aus dem Foto auf den Bereich, den du verdecken willst.

Ein Lampenmast im Hintergrund stört im Foto.

Ein Fadenkreuz zeigt den zu kopierenden Bereich.

Kopierstempel-Werkzeug

Ein Kreis zeigt den zu ersetzenden Bereich.

Scharfzeichnen erhöht den Kontrast und betont Kanten.

Bilder scharfzeichnen

Deine Fotos können etwas weich oder unscharf aussehen, wenn du sie direkt aus der Kamera downloadest. Mit dem Scharfzeichner erhöhst du den Kontrast von Kanten, verstärkst Umrisse und lässt das Bild schärfer wirken. Aber nicht übertreiben! Sonst sehen deine Bilder merkwürdig aus. Sehr unscharfe Originalfotos werden auch durch Scharfzeichnen nicht besser.

Kunstwerke schaffen

Alle Bildbearbeitungsprogramme haben Effektfilter, die Fotos in richtige Gemälde und Zeichnungen verwandeln können. Wähle die entsprechenden Einstellungen aus, sieh dir die Vorschau an und der Computer erstellt minutenschnell das neue Bild.

Papiercollagen

Der Kunstfilter *Farbpapier-Collage* erzeugt Bilder, die aussehen, als wären sie aus farbigem Papier ausgeschnitten. Fast alle Details sind auf Umrisse und Farbflächen reduziert.

Maleffekte

Der Vergröberungsfilter *Punktieren* ist einer der vielen Filter, die ein Foto wie ein Gemälde aussehen lassen. Experimentiere mit verschiedenen Pinseleinstellungen, bis die Details leicht verschwommen wirken.

Vereinfachte Farben und Formen sehen wie Pinselstriche aus.

Alle einander ähnlichen Farben im Originalfoto sind auf eine einzige Farbfläche reduziert.

Kleine unregelmäßige Farbtupfer auf weißem Hintergrund

Pointillistische Gemälde

Die französischen Pointillisten malten Bilder aus tausenden winzigen Farbtupfern. Der Filter *Punktieren* macht aus einem detaillierten Foto einen Flickenteppich aus vielen bunten Pinselklecksen.

TECHNIK-TIPP

Struktur hinzufügen

Fotos sind meist auf glattes Papier gedruckt, aber Zeichnungen und Gemälde befinden sich oft auf dickem, strukturiertem Papier oder auf Leinwand. So kannst du diesen Effekt nachahmen:

❶ **Wähle den Kunstfilter *Malgrund*** und klicke auf *Struktur*. Wähle hier *Sackleinen*.

❷ **Stelle die *Reliefhöhe* ein**. Bestimme mit den Schiebereglern, wie grob oder glatt die Oberflächenstruktur sein soll und aus welcher Richtung das Licht auf sie fallen soll.

Vorschau des Leinwandeffekts

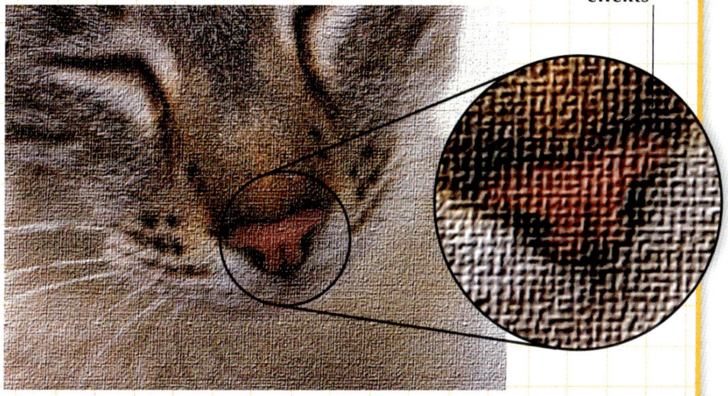

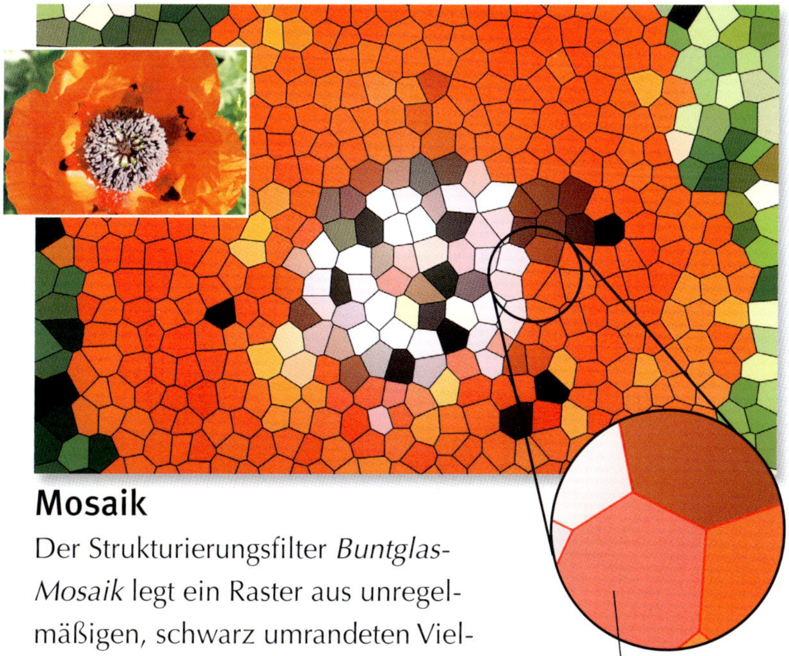

Mosaik

Der Strukturierungsfilter *Buntglas-Mosaik* legt ein Raster aus unregelmäßigen, schwarz umrandeten Vielecken oder Zellen über dein Foto. In jedem Vieleck sind die Farbtöne auf eine einzige Farbfläche reduziert.

Stelle die Größe deiner Farbzellen ein.

Kohlezeichnungen

Kohleumsetzung ist einer von mehreren Zeichenfiltern, die Fotos in Zeichnungen umwandeln. Du kannst die Stärke der Kohlelinien, die Menge der Details und die Farbe für den Vorder- und Hintergrund auswählen.

Ändere vor dem Anwenden des Filters die Vordergrundfarbe zu Schwarz.

Wähle eine Struktur, um der Bildoberfläche eine 3-D-Wirkung zu geben.

Pastelleffekte

Der Kunstfilter *Grobes Pastell* kombiniert den Effekt von Buntstiftstrichen mit Strukturen wie denen von Leinwand oder gar Sandstein. Das Foto wirkt wie eine Zeichnung, die bei sorgfältiger Ausführung echt aussehen kann.

Coole Filter

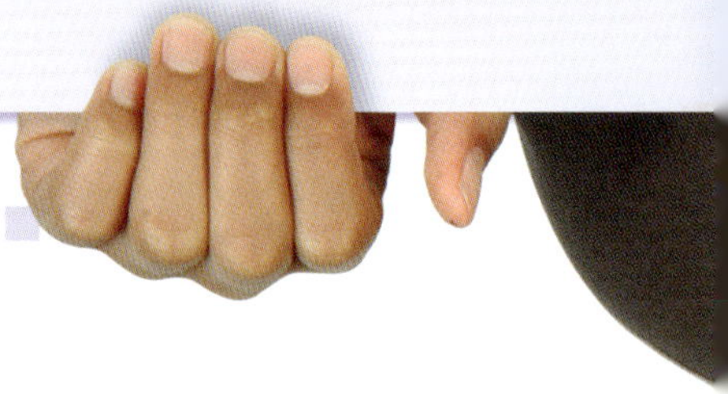

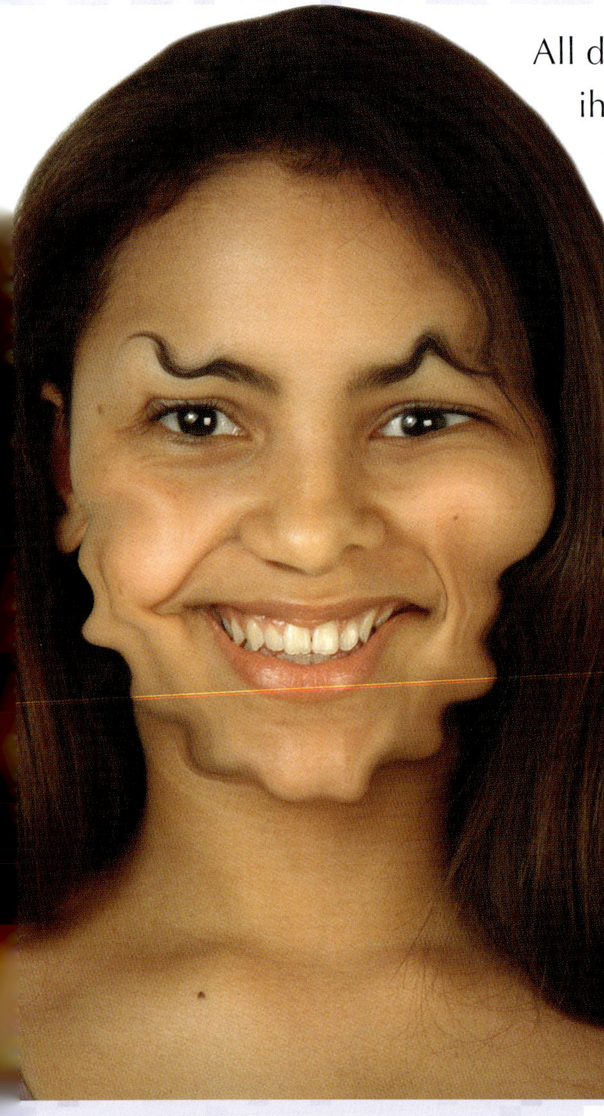

All diese Spezialfilter setzt du für Verzerrungen ein. Mit ihnen kannst du unheimliche Effekte erzeugen, indem du die Pixel verschmierst und verrührst, als wäre dein Foto ein Gemälde, das noch feucht ist.

Vorher

Verflüssigen

Der Verzerrungsfilter *Verflüssigen* enthält Werkzeuge zum Bearbeiten deines Bildes. *Verkrümmen, Zusammenziehen* und *Aufblasen* wirken am komischsten – als ob du mit zerfließenden Pixeln malen würdest.

Erzeuge durch Ziehen ein Wellenkinn …

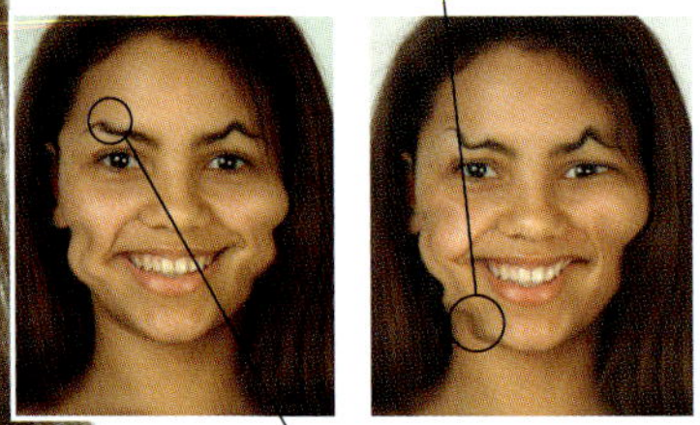

… und gewellte Augenbrauen.

Verkrümmen Mit diesem Werkzeug kannst du beliebige Wellenlinien und -kanten erzeugen – als ob du mit der Fingerspitze über feuchte Farbe reiben würdest. Wähle zuerst eine Pinseleinstellung, dann verschmierst du dein Bild durch Klicken und Ziehen mit der Maus.

Ein-Klick-Filter

Diese Filter wirken sich auf das ganze Bild aus. Sie sind rasch und leicht anzuwenden. Willst du nur das Gesicht bearbeiten, musst du dein Bild erst freistellen. Wähle ein quadratisches Format und achte darauf, dass der Kopf in der Mitte ist.

Strudel

Bei diesem Filter wird ein Foto fast wie auf einer Drehscheibe herumgewirbelt und verzerrt. Die Drehung ist in der Bildmitte stärker als an den Rändern.

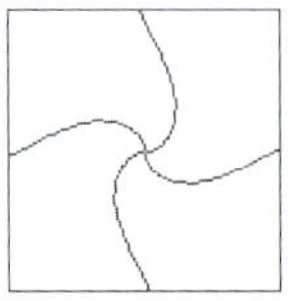

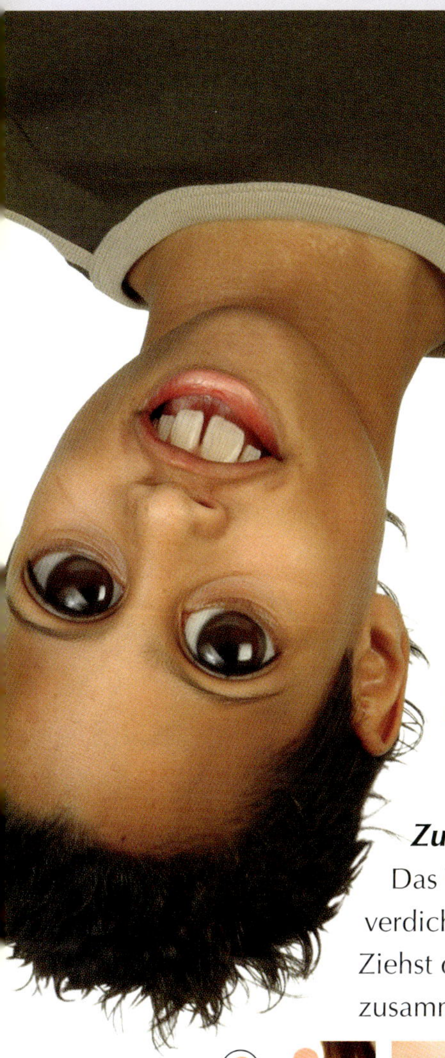

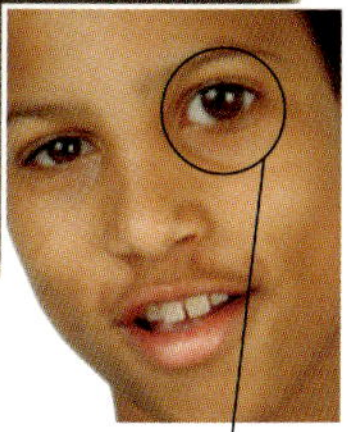

Ein Klick auf das Auge vergrößert es.

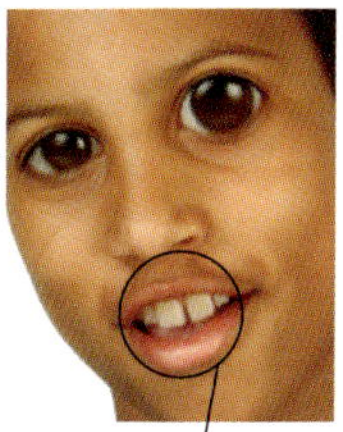

Jedes Klicken vergrößert die Zähne.

Aufblasen Dieses Werkzeug wirkt wie ein Vergrößerungsglas. Die Größe des Kreises auf dem Bildschirm kannst du verändern. Drücke die Maustaste und alles in dem Kreis wird vergrößert.

Vorher

Vorher

Zusammenziehen und ***Aufblasen***

Das Werkzeug *Zusammenziehen* verdichtet alles, worauf du drückst. Ziehst du die Finger dieses Mädchens zusammen und bläst du die Spitzen auf, sehen die Hände wie Froschfüße aus.

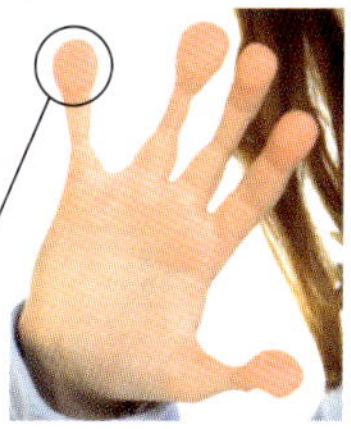

Saugnapfartige aufgeblasene Fingerspitzen

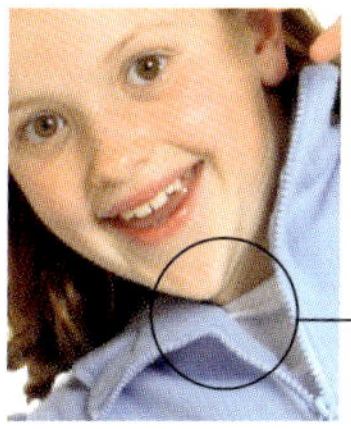

Zusammenziehen nach unten – ein spitzes Kinn

Quetschen

Der Verzerrungsfilter *Distorsion* drückt den Mittelteil eines Bildes zusammen und macht die Außenränder lang und gedehnt – toll für aufgestellte Haare, ein langes Kinn und Segelohren.

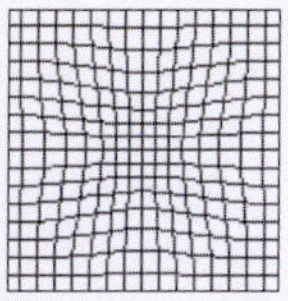

Wölben

Dieser Filter wölbt ein Foto wie um die Oberfläche einer Kugel herum. Für wirklich krasse Effekte wende den Filter mehrmals nacheinander an.

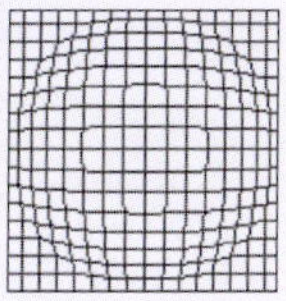

Mit Farben spielen

Sobald die Bilder auf deinem Computer sind, kannst du die Farben nach Lust und Laune übertreiben, sie durch andere ersetzen, psychedelische Spezialeffekte anwenden oder stilvolle Schwarz-Weiß-Fotos erzeugen.

Aus Grün wird Pink, wenn du Farben umkehrst.

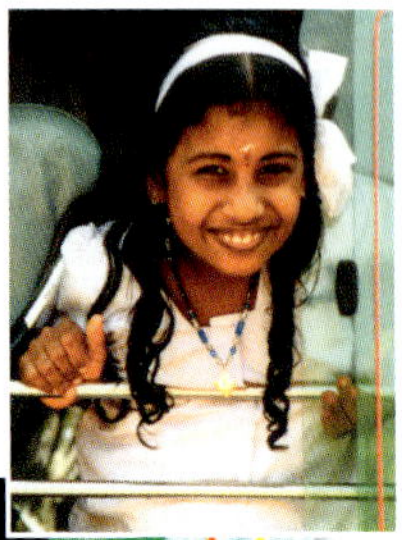

Farben werden einfacher und intensiver, wenn du den Kontrast verstärkst.

Farben vertauschen

Mit dem Befehl *Umkehren* erzielst du verrückte Farbeffekte. Bei Schwarz-Weiß-Fotos wird Schwarz zu Weiß und Weiß zu Schwarz, bei Farbfotos wird jede Farbe durch ihre Gegenfarbe ersetzt.

Farben überhöhen

Verstärkst du den Kontrast, verschwinden alle feinen Farbschattierungen im Originalfoto – sie werden durch Flächen von reinem Weiß oder Schwarz und übersättigter Farbe ersetzt.

TECHNIK-TIPP

Was ist deine Lieblingsfarbe?

Wähle die Farbe, die du ersetzen willst.

Magst du keine gelben Autos? Träumst du von einem roten Ferrari? Nichts leichter als das. Das Bildbearbeitungsprogramm ersetzt eine Farbe durch eine andere. Klicke auf *Pipette* und wähle die Bildbereiche mit der Farbe aus, die du ändern willst. Dann erzeugst du mit den Schiebereglern *Farbton/Sättigung* die gewünschte Farbe. Klicke dann auf *OK*.

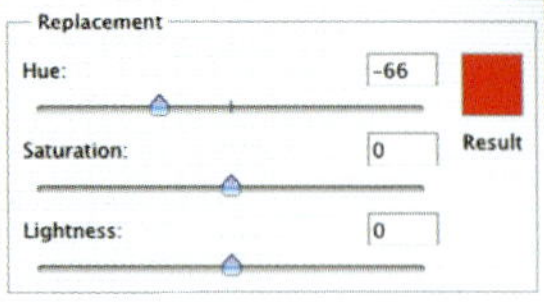

Ersetze die Farbe.

Aus Gelb wird im Nu Rot.

Durch geringes Verändern des Farbtons entsteht ein rosiges Licht.

Farbe verändern

Zwei Dinge haben dieses Bild verändert. Zuerst wurde das ganze Foto mit den Reglern im Werkzeug *Farbton/Sättigung* rosa eingefärbt. Dann wurden die türkisfarbenen Fensterläden und das blaue Hemd durch den Befehl *Farbe ersetzen* (siehe links) in Purpur umgewandelt.

Altmodische Bilder

Manche Kameras machen Fotos in Schwarz-Weiß oder Sepia. Am besten aber nimmst du zuerst in Farbe auf und wandelst das Bild später um.

Künstlerisches Schwarz-Weiß

Kopiere stets dein Originalfoto, bevor du es in Schwarz-Weiß umwandelst. Wenn die Farbe einmal weg ist, bekommst du sie nicht wieder.

1 **Wähle ein grafisches Bild**. Nimm ein Foto mit ausdrucksvollen Formen und kräftigen Umrissen.

2 **Wandle in Schwarz-Weiß um**. Klicke im Menü *Überarbeiten* auf *Farbe anpassen* und dann auf *Farbe entfernen*.

Mehr Kontrast ergibt dunklere Schwarz- und hellere Weißtöne.

Nostalgisches Sepia

Sepiafotos wirken historisch. Dieser Effekt eignet sich gut für Familienporträts oder Landschaften.

1 **Öffne *Farbton/Sättigung*** *Färben* wandelt dein Bild in eine einzige Farbe um.

2 **Verschiebe die Regler** *Farbton/Sättigung*, bis du die gewünschte Farbe erhältst.

Erzeuge einen ovalen Rahmen.

Fotomontage

Sobald du deine Fotos heruntergeladen hast, kannst du mit ihnen spielen. Schneide ein Element aus einem Foto aus und klebe es auf ein anderes, ersetze einen Hintergrund durch einen anderen, vertausche die Köpfe deiner Freunde oder bastle Gespensterbilder. Lass deiner Fantasie freien Lauf!

1 Originalfotos Diese Montage umfasst drei Bilder. Die Umrisse des Jungen werden mit einem Auswahl-Werkzeug ausgeschnitten. Der Kopf des Tigers wird vom Körper getrennt.

2 Vier Ebenen Ein viertes Bild wird erzeugt, indem du die Blätter vorn im Dschungelbild kopierst. Der Tiger und der Junge werden skaliert. Dann werden alle vier Bilder übereinander gelegt.

3 Tigerkopf Jede Ebene ist undurchsichtig: Der Junge erscheint hinter den Blättern und vor dem Dschungelhintergrund. Der Tigerkopf bedeckt das Gesicht des Jungen – etwas Unschärfe unterm Kinn verdeckt die Naht.

TECHNIK-TIPP

Einen Hintergrund ausschneiden

Willst du Teile eines Digitalfotos isolieren – um sie auszuschneiden, zu verändern oder zu kopieren –, musst du sie auswählen. Dafür gibt es mehrere Werkzeuge.

1 Auswählen Mithilfe des Lassos kannst du mit deiner Maus Umrisse um die auszuwählenden Teile ziehen. Eine Linie aus sich bewegenden Strichen zeigt die Auswahlfläche an.

2 Löschen Sobald du die Umrisse um die Auswahlfläche gezogen hast, kannst du den Hintergrund löschen.

3 Kanten glätten *Glätten* macht harte Kanten weich. Es verwischt Pixel am Rand einer Auswahl und verdeckt sichtbare Übergänge.

Gespensterbilder

Du kannst die Ebenen eines Montagebildes auch durchsichtig machen. Dadurch bekommt das Foto eines Menschen einen gespenstischen Effekt.

❶ Bilder sammeln Stelle die Bilder zusammen, die du brauchst. Mach extra Fotos oder digitalisiere sie mit einem Scanner (siehe S. 56).

Suche Bilder in Zeitschriften oder Büchern.

❷ Ausschnitte und Ebenen Wähle den Umriss deiner Figur aus und lösche den Hintergrund. Setze sie auf eine eigene Ebene.

Glätte die Kanten oder verwende einen Filter wie *Weiches Licht.*

Mach die Ebene leicht durchsichtig.

Du kannst die Größe der Figur an den Hintergrund anpassen und sie auch umkehren.

❸ Geisterhaus Damit dein Gespenst echt wirkt, gib ihm ein spukhaftes Aussehen. Mach es fast schwarzweiß und halbdurchsichtig – so scheint es vor dem Hintergrund zu schweben.

Die Geheimnisse der Ebenen

Spezialeffekte bei Digitalfotos erzeugst du am Computer, indem du verschiedene Bilder übereinander schichtest.

Undurchsichtige Ebenen verdecken oder maskieren, was darunter ist.

Halbtransparente Ebenen Ist die oberste Ebene halbtransparent, ist das Bild auf der Ebene darunter zu sehen – es entsteht ein Mischeffekt.

Komplexe Bilder Montagebilder können viele undurchsichtige oder halbtransparente Ebenen haben. Sie lassen sich an- oder abschalten – so siehst du, wie sie wirken, wenn sie kombiniert sind.

Bilder bearbeiten

Je geschickter du mit der Bildbearbeitungssoftware am Computer umgehst, desto mehr Spaß macht es, mit normalen Fotos kreativ herumzuspielen. Schau dir an, wie du mit einer anderen Haar- oder Augenfarbe aussiehst – oder verwandle deine Freunde.

Auswahlellipse

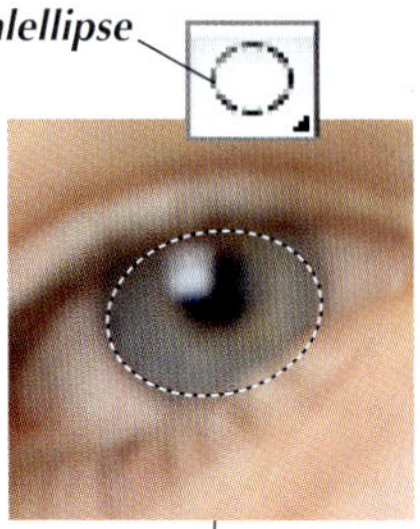

Wähle jede Iris aus, um nur die Augenfarbe zu ändern. Trage grünen Lidschatten mit der Airbrush-Technik auf.

Tolles Make-up

Führe alle Änderungen auf eigenen Ebenen aus. Du kannst sie dann an- und abschalten oder auch ganz von vorn anfangen.

Lasso

Halbtransparent wirkt die neu eingefärbte Ebene natürlich.

1. **Augenfarbe ändern** Färbe die Augen türkisblau, indem du die Hintergrundebene duplizierst, die Augen auswählst und mit der Pipette *Farbe ersetzen* ausführst.

2. **Haarfarbe ändern** Kopiere die Hintergrundebene und wähle das Haar aus. Ändere mit *Farbton/Sättigung* die Farbe und stelle die Ebene auf halbtransparent ein.

3. **Zähne weiß machen** Wähle auf einer Ebene nur die Zähne aus. Färbe sie rein weiß, mach aber die Ebene halbtransparent, damit sie natürlicher aussehen.

4. **Unreinheiten entfernen** Flecken, Narben und Pickel lassen sich mit dem *Sofortreparatur*-Pinsel entfernen. Er verdeckt Unreinheiten mit perfekter Haut.

Zauberstab

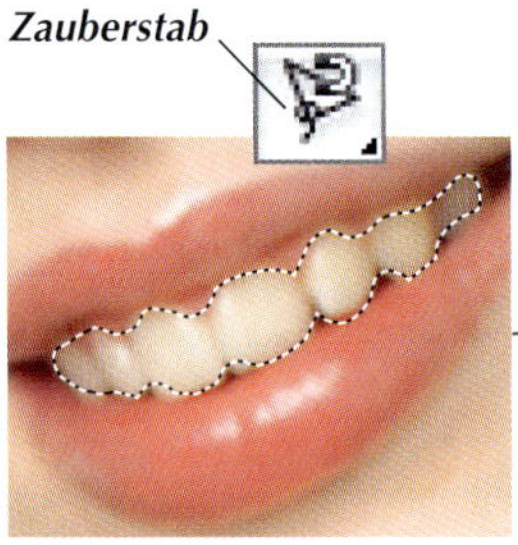

Helle die Zähne mit *Farbton/Sättigung* auf und stelle die Deckkraft auf 30 % ein. Trage digitalen Lippenstift in der gewünschten Farbe auf.

Monster

Reptilienaugen und eine hängende Hundezunge in ein Porträt einzufügen ist ziemlich leicht. Die Farbe und Struktur von Haut zu ändern ist schon etwas aufwändiger.

1 **Alienhaut hinzufügen** Wähle kleine Bereiche von Schlangen- und Eidechsenhaut aus und ziehe sie in neue Ebenen über dein Originalfoto. Drehe und skaliere die Muster und setze sie auf Stirn und Wangen des Jungen. Stelle die Deckkraft auf halbtransparent ein. Ändere die Farbe mit *Farbton/Sättigung*.

2 **Eidechsenauge einbauen** Wähle ein passendes Auge aus einem Bild aus und lösche den Hintergrund. Ziehe es in eine neue Ebene. Skaliere es und lege es über das Auge des Jungen.

3 **Hundezunge montieren** Schneide die Zunge aus. Verlängere sie mit einem *Verflüssigen*-Filter. Füge sie in einer neuen Ebene zwischen die Zähne ein.

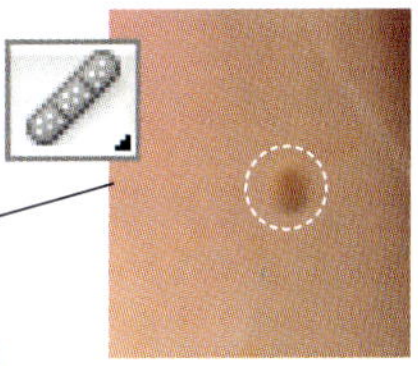

Klicke mit dem *Sofortreparatur-Pinsel* erst auf makellose Haut, dann auf einen Fleck. Er verschwindet!

TECHNIK-TIPP

Deckkraft einer Ebene

25% Deckkraft 50% Deckkraft 75% Deckkraft

Deckkraft-regler

Die Deckkraft einer Ebene besagt, wie gut du durch sie hindurchschauen kannst. Bei 100% verdeckt sie völlig die Ebene darunter. Bei 0% wird die Ebene darunter wie durch klares Glas sichtbar. Bei jedem Zwischenwert ist die Ebene halbtransparent und die beiden Bilder gehen ineinander über.

Panoramabilder

Fügt man eine Reihe einzelner Fotos zusammen, erzeugt man ein Panorama. Die Bildbearbeitungssoftware erledigt das mit der Funktion *Photomerge-Panorama* automatisch. Der Erfolg hängt natürlich vor allem davon ab, ob du die richtigen Fotos hast.

Ein Panorama erstellen

Dieses Bild wäre auf andere Weise nur schwer zu erzeugen. Das Mädchen scheint an drei Orten gleichzeitig zu sein. Hier sind natürlich drei einzelne Fotos vereint worden.

1 Mach eine Serie von Fotos Stehe ruhig da, mach Fotos im Hochformat, ändere den Zoom nicht und halte den Horizont auf gleicher Höhe.

2 Kombiniere deine Bilder Öffne die Photomergesoftware, wähle die Bilder aus, die du kombinieren willst, klicke auf *OK* und schau zu, wie das Programm deine Fotos automatisch miteinander abstimmt und sauber überlappt.

Ursprünglich drei Bilder

3 Schneide dir das Bild zurecht Lösche unerwünschte Bereiche und retuschiere sichtbare Übergänge.

Überlappe deine Bilder zu 30 % – so sind sie leichter zu kombinieren.

TECHNIK-TIPP

Panoramafotos anpassen

Manchmal kann die Photomergesoftware keine unsichtbaren, nahtlosen Übergänge erstellen. Wo sich Fotos überlappen, siehst du verräterische Farbbänder oder -streifen, besonders in Himmelsbereichen. Dann musst du ein wenig retuschieren. Nimm mit dem *Kopierstempel*-Werkzeug kleine Farbflächen von beiden Seiten des Übergangs ab und klebe sie darüber. Bearbeite nur kleine Bereiche vorsichtig nacheinander.

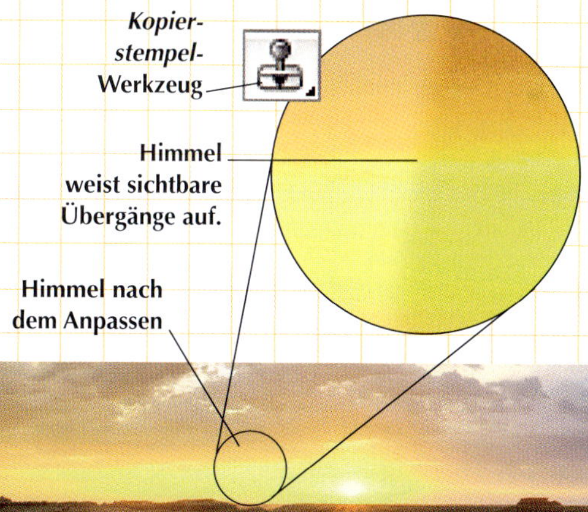

Scannerbilder

Ein Scanner ist eine große Digitalkamera. Er nimmt von allem, was du auf ihn legst, ein Digitalfoto auf. Im Unterschied zu einer normalen Kamera bewegt sich sein Bildsensor hin und her und scannt dabei fortlaufend das Objekt, um ein digitales Bild davon zu erzeugen.

Alte Fotos und Kunstwerke

Alte Familienfotos zu scannen ist die perfekte Methode, um sie zu erhalten und zu „reparieren". Am Computer kannst du Kratzer beseitigen und blasse Farben auffrischen. Das geht auch bei Zeichnungen, Gemälden und anderen Bildern.

TECHNIK-TIPP

Gute und schlechte Bilder

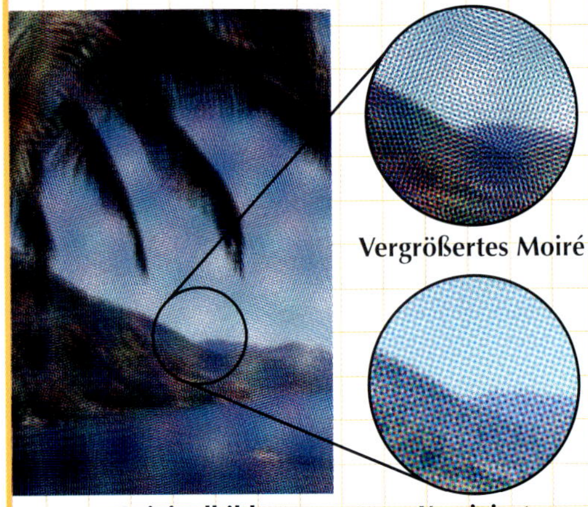

Bilder aus Zeitschriften und Büchern können beim Scannen seltsame Muster annehmen. Diese Moirémuster entstehen durch Überlagerung der Druckrasterpunkte und der Scanrasterpunkte. Lege das Originalbild in einem etwas anderen Winkel auf und scanne erneut.

Den Scanner als Kamera verwenden

Du kannst nicht bloß Flaches wie Fotodrucke und Papierblätter scannen, sondern alles, was sicher auf den Scanner passt – Blumen, Steine, Muscheln, Blätter, Spielzeug, Schmuck, Münzen oder Briefmarken. Du kannst sogar deine Hände scannen, musst sie aber ganz ruhig halten. Denke daran: Nur was das Glas berührt, wird scharf abgebildet.

Scannertricks

Kombinierte digitale Bilder oder Fotomontagen lassen sich leicht mit einem Scanner erzeugen. Lege einfach alle Bilder und Objekte, die du brauchst, auf dem Glas zurecht.

Meine Stars – und ich

Scanne ein Bild deiner Lieblingsstars und schneide es aus. Erweitere die Bildfläche, sodass du ein ausgeschnittenes Foto von dir am Ende der Reihe hinzufügen kannst.

Gescannte Rahmen

Ordne kleine Objekte wie Blüten, Blätter, Knöpfe oder Perlen auf dem Scanner in Form eines Rahmens an. Nach dem Scannen löschst du das Innere des Rahmens, um ein Foto einzufügen.

1 **Das Scannerglas schützen** Um Kratzer zu vermeiden und das Glas sauber zu halten, spannst du ein Stück Folie darüber. Lege die Objekte, die du scannen willst, auf die Folie.

2 **Mit einem Tuch abdecken** Kannst du den Deckel nicht schließen, decke den Scanner sorgfältig mit einem dunklen Tuch ab. So vermeidest du einen unregelmäßigen grauen oder farbigen Hintergrund.

4

Bilderschau

Perfekt ausdrucken

Viele Drucker erzeugen auch ohne Computer tolle Drucke. Du verbindest entweder deine Kamera über ein Kabel mit dem Drucker oder steckst die Speicherkarte in einen speziellen Schlitz und druckst dann direkt aus. Drucker sind zwar meist preiswert, aber Papier und Toner sind nicht ganz so billig.

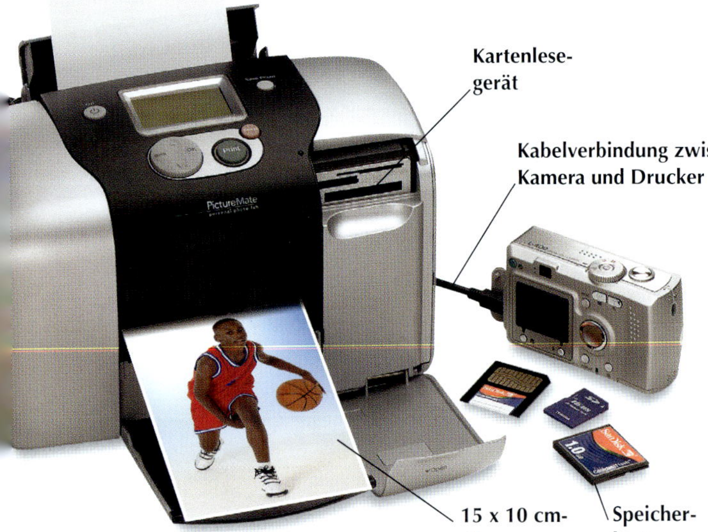

Kompakter Fotodrucker

Tintenstrahl-drucker

Druckertypen

Der häufigste Typ ist der Tintenstrahldrucker, der Bilder druckt, indem er feinste Tröpfchen farbiger Tinte durch winzige Düsen spritzt. Fotodrucker arbeiten mit bis zu acht verschiedenen Tinten, darunter ebenfalls zwei unterschiedliche Schwarztöne und sogar einem Glanzüberzug für hochwertige Drucke mit feinen Farbabstufungen.

TECHNIK-TIPP

Poster

Poster oder Riesendrucke stellst du am besten her, indem du dein Bild in Teilen druckst und diese dann zusammenklebst.

1. **Vergrößere das Bild.** Zerschneide es in vier sich überlappende Teile und speichere jeden als neue Datei.
2. **Drucke die vier Teile aus.** Schneide sie mit einer Schere oder einem Messer zu, lege sie exakt zurecht und klebe sie mit Klebeband zusammen.

Papiersorten

Am besten, aber auch am teuersten ist dickes Hochglanzpapier für Fotos. Im Grunde kannst du auf fast alles drucken – auf normales Büropapier, Umschläge, Klebeetiketten, Aufbügelpapier, ja sogar auf Papier für abwaschbare Tätowierungen.

Aufbügelpapier für T-Shirts – wende das Bild vor dem Ausdrucken.

CD-Aufkleber lassen sich ausschneiden und aufkleben.

Bilder auf selbstklebendem Papier sind tolle Aufkleber.

Mit Kontaktabzügen kannst du deine Bilder beurteilen und ordnen.

Vier Bilder auf einem Blatt auszudrucken spart Papier.

Kontaktabzüge und Bildlayouts

Drucke nicht nur ein Bild pro Seite. Mit der Bildbearbeitungssoftware kannst du mit Minibildern deine Bildordner drucken. Du kannst auch Bilder nach Größe sortieren und zwei, drei oder mehr auf ein Blatt drucken.

Druckprobleme

Druckprobleme entstehen oft, wenn Bilder auf die falsche Auflösung eingestellt sind. Unter Auflösung versteht man die Anzahl der Pixel, aus denen dein Foto besteht.

Warum ist mein Ausdruck so klein?

Wenn dein Foto als kleines Bild in der Mitte des Blattes ausgedruckt wird, kann die Auflösung zu hoch sein. Die Pixel werden eng zusammengedrückt – die Bildqualität ist zwar gut, der Ausdruck aber zu klein.

Lösung: Aktiviere „Auf Mediengröße skalieren" im Fenster *Druckvorschau* oder öffne *Bildgröße* und reduziere die Auflösung. Bei den meisten Druckern genügen 150 ppi (pixels per inch) – aber du kannst noch weniger nehmen.

Ein beschnittenes Bild mit hoher Auflösung wird sehr klein ausgedruckt.

Warum ist mein Ausdruck so blockig?

Sieht dein Foto aus, als bestünde es aus lauter kleinen Blöcken, ist die Auflösung zu niedrig. Für die gewünschte Druckgröße gibt es nicht genug Pixel – es muss kleiner sein.

Lösung: Deaktiviere „Auf Mediengröße skalieren" im Fenster *Druckvorschau* oder öffne das Fenster *Bildgröße* und reduziere die Höhe und Breite des Bildes.

Bei zu groß gedruckten Bildern mit geringer Auflösung sieht man Pixel.

Richtig rahmen

Mit dem richtigen Rahmen sieht ein durchschnittliches Foto besser und ein gutes toll aus. Findest du nicht den gewünschten Rahmen, dann erzeuge doch deinen eigenen am Computer, bevor du dein Foto ausdruckst.

Ein-Klick-Rahmen

Deine Bildbearbeitungssoftware enthält verschiedene voreingestellte Rahmen in den Menüs *Effekte* und *Ebenenstile*. Wähle einen aus und die Software erzeugt automatisch den Rahmen um dein Foto.

Deinen eigenen Rahmen erzeugen

Mach von einem Foto ein Duplikat und erzeuge deinen Rahmen auf dieser Kopie.

1 **Zeichne einen Rahmen.** Vergrößere die Arbeitsfläche, um einen Rahmen zu erhalten, wähle das Foto aus und lösche es.

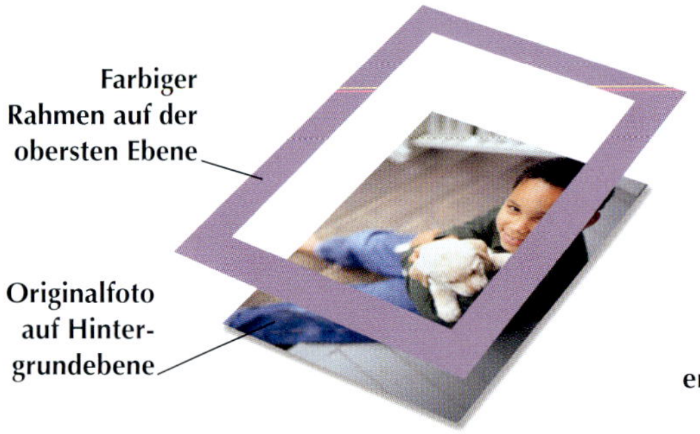

Ein Rahmen mit Relief erzeugt einen 3-D-Effekt.

2 **Färbe den Rahmen.** Wähle den Rahmen aus (statt des transparenten Loches in der Mitte) und füge mit dem *Füll*-Werkzeug Farbe oder ein Muster hinzu.

3 **3-D-Wirkung** Wende einen *Ebenenstil* auf den Rahmen an. Experimentiere mit abgeflachten Kanten, Relief- und Schlagschatteneffekten.

Strukturen und Muster hinzufügen

Dieser interessante Rahmen mit einem Muster aus Eidechsenhaut wurde durch das „Sampeln" der Haut erzeugt. Kleine Flächen wurden ausgewählt, gedreht und skaliert und dann nebeneinander auf den Rahmen geklebt. Der zackige Rand wurde von den Zacken am Rücken und am Schwanz der Eidechse kopiert.

TECHNIK-TIPP

Metalleffekte erzielen

Eine Kombination spezieller Bildeffekte bewirkt, dass ein Rahmen wie aus Metall aussieht.

1. Markiere die Ebene mit deinem Bilderrahmen, wähle ihn aus und fülle ihn mit der gewünschten Farbe.

2. Dupliziere diese Ebene und wende einen *Ebenenstil* wie *Chrom* mit 3-D-Glanzlichtern und Schatten an. Stelle die Deckkraft der obersten Ebene ein. Passt die Farbe gut zu dem Metalleffekt?

Lustige Formen

Findest du rechteckige Rahmen langweilig? Dann schneide einen kreisförmigen oder ovalen Rahmen aus oder erzeuge mit dem *Radiergummi*-Werkzeug unregelmäßig gezackte Ränder.

Der *Radiergummi* entfernt Bereiche vom Originalrahmen und erzeugt eine Abrisskante.

Dieser Rahmen passt zur abblätternden Farbe im Bild.

Ovaler Zebrafellrahmen

Ein *Ebenenstil* fügt Schatten und Glanzlichter hinzu.

Auswahl treffen

Eine Vignette ist eine ovale oder kreisförmige Maske mit einer weichen Kante. Sie wird oft für Porträtfotos verwendet.

1 Eine Auswahl treffen Zeichne mit der *Auswahlellipse* ein Oval. Sobald du es gezeichnet hast, kannst du es mit der Maus in die richtige Position ziehen.

Ein niedriger Pixelwert ergibt eine härtere Kante.

2 Pixelwert wählen Ein Wert von 15–20 Pixel erzeugt eine schön verschwommene Kante. Kehre die Auswahl um und lösche den Hintergrund.

Ein Foto mit Leinwandstruktur wirkt handgemalt.

3 Struktur hinzufügen Während der Hintergrund noch ausgewählt ist, kannst du einen zusätzlichen Effekt erzeugen. Wende *Leinwand* aus dem *Strukturierungsfilter* an und schneide mit der *Auswahlellipse* ein ovales Bild aus.

Bilder und Texte

Hier findest du einige Ideen, wie du deine Fotos für Briefpapier und Grußkarten verwendest. Damit kannst du Einladungen, Briefumschläge, Geschenketiketten und Lesezeichen gestalten – ja, sogar Rundschreiben und Poster.

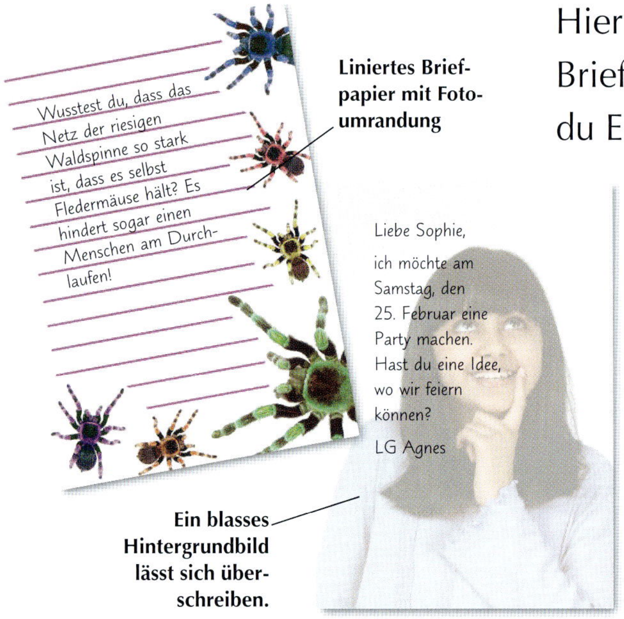

Persönliches Schreibpapier

Leeres Briefpapier wird am besten auf normalem mattem Papier statt auf Hochglanzfotopapier gedruckt. Du kannst Schreiblinien hinzufügen oder ein Bild mit einer Deckkraft von etwa 30% als blassen Hintergrund drucken.

Einseitig bedruckte Grußkarten

Diese Karte wird auf einem Blatt Papier gedruckt, das dann zweimal gefaltet wird und eine Karte mit je einem Bild auf der Vorder- und der Innenseite ergibt.

1 Eine Schablone erstellen Teile die Seite in vier gleiche Felder ein. Passe eines deiner Bilder in eines der Viertel ein, drehe es um und setze es ein. Passe vier weitere Bilder ins vordere Feld ein.

Umgedrehtes Bild für die Innenseite

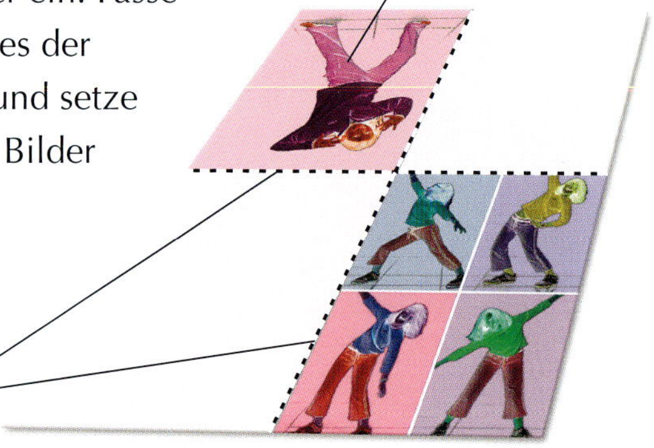

Entlang der punktierten Linien falten

Bilder mit Text versehen

Die meisten Textverarbeitungs- und Bildbearbeitungsprogramme kombinieren Bild und Text. Hier eine Postkarte mit einem Foto der Freiheitsstatue.

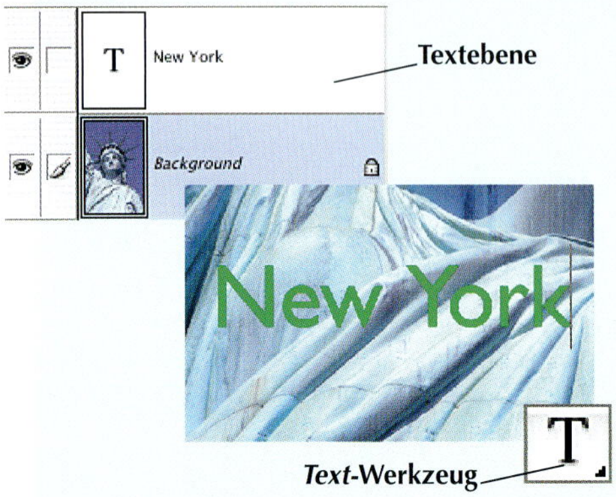

1 Wähle das *Text*-Werkzeug. Klicke irgendwo auf dein Foto. Photoshop *Elements* erzeugt eine neue Textebene über der Bildebene. Gib deinen Text ein.

2 Formatiere den Text. Markiere deinen Text und wähle Schriftart, -größe und -stil aus. Positioniere den Text durch Klicken und Ziehen.

Zweiseitig bedruckte Karten

Bei dieser Karte wird ein Bild auf die Vorderseite gedruckt. Das Papier wird dann erneut in den Drucker gelegt und auf der Rückseite bedruckt.

1 Das erste Bild drucken Der Blütenkopf und der farbige Hintergrund erscheinen auf der Vorderseite. Öffne ein zweites Bild und drucke es auf die Rückseite.

2 Schneide ein Fenster aus. Schneide ein rundes Loch in die Mitte der Blüte, sodass das Bild im Innern sichtbar wird.

2 Punktieren und falten Die vier kleinen Bilder erscheinen auf der Vorderseite und das große Bild innen steht richtig herum.

3 Gestalte den Text. Verwende dafür das Werkzeug *Verkrümmten Text erstellen*. Wähle den gewünschten Effekt (z.B. Bogen oder Welle) und den Verzerrungsgrad aus.

4 Erstelle einen Schlagschatten. Er hebt den Text von der Bildoberfläche ab. Wähle im Menü *Ebenenstile* einen der Schlagschatten aus.

Klassische Postkarte mit weißer Umrandung

Comics und Witzbilder

Magst du Comics, kannst aber nicht wie ein Profi zeichnen? Nimm doch Fotos statt Zeichnungen. Mit Bildunterschriften und Sprechblasen erzeugst du im Handumdrehen eigene Witzbilder und Comics!

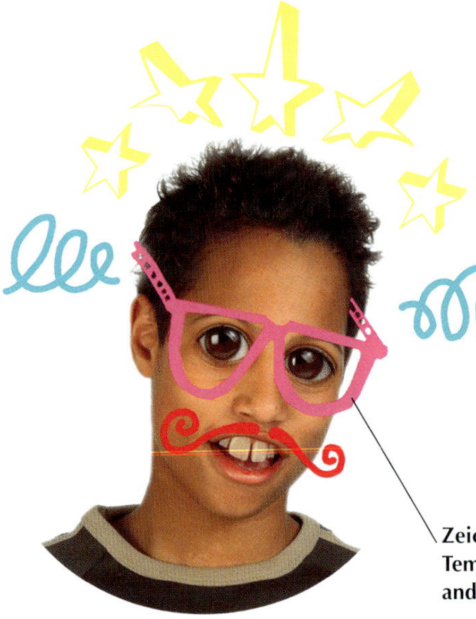

Zeichne K.o.-Sterne, Tempokringel und andere Comiceffekte.

Comicfiguren erstellen

Mit dem Bildbearbeitungsprogramm fügst du Bärte, Brillen und falsche Nasen hinzu. Erzeuge eine neue Ebene und verwende den Pinsel. Zeichne nie direkt auf dein Originalfoto.

Gefälschte Poster

Für ein Fahndungsplakat brauchst du ein schwarz-weißes Verbrecherfoto, einen sepiafarbenen Hintergrund mit ausgefransten Kanten und eine altmodische Westernschrift.

Eine Fotostory basteln

Eine Fotostory ist wie ein Comicstrip aus Fotos. Erstelle zunächst eine genügend große Arbeitsfläche für alle Bilder, die du verwenden willst.

1 **Bearbeite die Fotos.** Übertreibe die Farben mit dem Werkzeug *Farbton/Sättigung* und ziehe einen Umriss um die Figuren. Setze sie nebeneinander.

2 **Füge Textblöcke ein.** Nimm fertige Formen oder zeichne sie mit dem *Polygon-Lasso*-Werkzeug. Fülle sie mit einer Farbe und gib ihnen einen schwarzen Umriss.

3 **Schreibe deine Story.** Gib deinen Text ein und wähle Schriftart und -größe. Ziehe den Text in Position und streiche oder ergänze Wörter, falls nötig.

Sprechblasen erzeugen

Üblich für Sprechblasen sind Ovale mit einer Pfeilspitze, die zum Sprecher zeigt. Füge Sprechblasen stets auf einer neuen Ebene über deinen Originalfotos ein.

❶ Zeichne die Sprechblase. Stelle die Vordergrundfarbe auf Weiß ein, wähle mit dem *Eigene-Form*-Werkzeug eine Sprechblase und ziehe sie grob in Position.

❷ Gib deinen Text ein. Passe die Schriftgröße an. Wähle die *Form*-Ebene aus und gib der Blase mit *Ebenenstile* einen Schlagschatten und eine abgeflachte Kante.

❸ Verbinde die Text- und Formebenen. Alle Veränderungen werden nun beide betreffen. Wähle das *Verschieben*-Werkzeug und erstelle die richtige Größe und Position der Blase durch Klicken und Ziehen.

Zeige deine Bilder

Wenn du eine Auswahl von Fotos hast, die dir gefallen, willst du sie bestimmt auch anderen zeigen. Da sie digital sind, kannst du eine Menge damit anfangen. Mach eine Diaschau, brenne CDs und DVDs, trage deine Bilder als Tattoos oder auf deiner Kleidung und zeige sie Freunden übers Internet.

Ein Titelbild eröffnet die Diaschau.

Diaschau

Eine Diaschau kann witzig sein, wenn deine Bilder eine Geschichte erzählen – über einen Menschen, ein Ereignis oder einen Familienurlaub. Bemühe dich also, deine Fotos in die bestmögliche Reihenfolge zu bringen.

Bilder werden von links nach rechts gedreht.

Abziehbare Tattoos

Diese Tattoos sind eigentlich Abziehbilder. Du kannst sie selbst herstellen, indem du deine Fotos auf ein spezielles Tattoopapier druckst. Presse den Druck dann auf deine Haut, befeuchte die Rückseite und ziehe die Papierschicht ab.

TECHNIK-TIPP

Diaschau-Übergänge

Bei den meisten Programmen für Diaschauen kannst du den Übergang von einem Bild zum nächsten wählen. Du lässt z.B. Bilder auflösen, ausblenden oder wegwischen.

1. **Erstelle einen Ordner.** Lege deine Diafotos darin ab. Nummeriere oder benenne sie in der richtigen Reihenfolge.
2. **Wähle einen Übergangseffekt.** Stelle ein, wie lange jedes Foto auf dem Bildschirm bleibt, bevor das nächste erscheint.

Bei *Auflösen* werden Bilder Pixel für Pixel ausgetauscht.

E-Mail und Internet

Digitalfotos sind ideal fürs Internet. Du kannst deine Bilder selbst veröffentlichen und sie allen Menschen zeigen.

Per E-Mail versenden

Bilder können an E-Mails angehängt werden. Erstelle zuvor eine E-Mail-Version in niedriger Auflösung: Verringere Höhe und Breite, senke die Anzahl der Pixel auf 72 ppi (pixel per inch) und reduziere die Dateigröße mithilfe des JPEG-Formates.

Bei undurchsichtigem Papier scheint die Hemdfarbe nicht durch.

Trage deine Fotos!

Drucke dein Lieblingsfoto doch auf ein T-Shirt. Dafür gibt es Spezialpapier zum Aufbügeln: transparentes Papier für weiße oder undurchsichtiges Papier für farbige Shirts. Sobald du es gedruckt hast, schneide das Bild einfach aus und bügle es auf.

Eine Web-Fotogalerie zeigt Miniaturbilder sowie größere Bilder.

Internetseiten erstellen

Viele Programme enthalten Vorlagen zum Erstellen eigener Internetseiten. Wähle einen Stil aus, gib deine Fotos in einen Ordner und füge Titel und Bildunterschriften hinzu – die Software erstellt die Seiten automatisch. Dann kannst du sie ins Internet uploaden.

Eine *horizontale Blende* arbeitet mit breiten Streifen.

Sicherheitswarnung fürs Internet

Sage stets deinen Eltern Bescheid, bevor du etwas ins Internet stellst. Gib niemals deinen vollen Namen, deine E-Mail-Adresse, Telefonnummer oder Anschrift preis.

Begriffe

Auflösung Die in ppi (pixels per inch) gemessene Menge der Details in einem digitalen Bild.

Autofokus Der Mechanismus, der Kameras automatisch scharf stellt, oft auf das, was in der Mitte des Sucherrahmens ist.

Belichtungsmesser Der Mechanismus, mit dem Kameras die Lichtmenge messen und die richtige Belichtungszeit für ein Foto berechnen.

Bildverdichtung Die Reduzierung der Größe von Bilddateien mit Software, die Daten sehr effizient speichert oder unwichtige Details weglässt. JPEG-Dateien sind verdichtet.

Blende Die unterschiedlich große Öffnung im Objektiv, durch die Licht in die Kamera gelangt und das Foto belichtet. Große Blendenwerte entsprechen einer kleineren Öffnung, kleine Werte einer größeren.

CCD Charge Coupled Device. Die elektronischen Sensoren in einer Kamera oder einem Scanner, die ein digitales Bild erfassen.

Dateiformat Die Form, in der ein digitales Bild gespeichert und bearbeitet wird. JPEG ist das üblichste Format in der Digitalfotografie.

Deckkraft Der Grad, bis zu dem eine Bildebene durchsichtig, halbtransparent oder undurchsichtig ist.

Digitalisieren Erzeugen eines Bildes durch Umwandlung von Farbe und Helligkeit in Zahlen, die ein Computer versteht.

Downloaden Übertragung digitaler Bilder aus einer Kamera in einen Computer oder Drucker.

dpi Dots per inch. Anzahl der Punkte in einem gedruckten Bild pro Zoll. Je mehr Punkte, desto höher ist auch die Auflösung.

Ebene In der Bildbearbeitungssoftware enthalten Ebenen die Teile eines zusammengesetzten Bildes. Sie erscheinen in einem Stapel, wo die oberste Ebene den Vordergrund, die unterste den Hintergrund des Bildes zeigt.

Filter In der Bildbearbeitungssoftware erzeugen sie spezielle Effekte an Bildern.

Freistellen Abschneiden der unerwünschten Bereiche eines Fotos.

Graustufen Ein Bild aus Schwarz, Weiß und verschiedenen Grautönen.

ISO Die Lichtempfindlichkeit des CCD-Sensors einer Digitalkamera. Je höher der ISO-Wert, desto besser kann sie bei schlechten Lichtverhältnissen fotografieren.

JPEG-Format Das verbreitetste Bilddateiformat digitaler Fotos.

Kontrast Der Helligkeitsunterschied zwischen hellen und dunklen Bereichen eines Fotos.

LCD-Monitor Liquid Crystal Display. Der Monitor auf der Rückseite einer Digitalkamera. Er zeigt eine Vorschau des Bildes, das du machen willst, sowie Bilder, die du schon gemacht hast.

Makro Extreme Nahaufnahme.

Megapixel Eine Million Pixel. Eine Maßzahl dafür, wie viele Pixel eine Digitalkamera zur Erfassung eines Einzelfotos verwendet.

Objektiv Eine Reihe von geschliffenen Glasscheiben, durch die Licht in die Kamera eindringt und auf den CCD-Sensor gebündelt wird.

Pixel Picture element. Kleinste Einheit für Farbe und Helligkeit in einem digitalen Bild.

ppi Pixels per inch. Anzahl der Pixel pro Zoll in einem digitalen Bild – je mehr, desto höher die Auflösung.

Rote Augen Bei Blitzaufnahmen erscheinen die Pupillen einer Person rot statt schwarz.

Scanner Ein Apparat zur Erzeugung digitalisierter Bilddateien von Druck-, Film- oder sogar 3-D-Vorlagen.

Schärfe Scharfe Bilder sind klar, unscharfe verschwommen.

Selbstauslöser Ein Mechanismus, der eine Verzögerung zwischen dem Drücken des Auslösers und der Aufnahme bewirkt.

Speicherkarte Eine Karte, auf der Digitalkameras Fotos speichern. Ihre Kapazität wird in Megabytes (MB) oder Gigabytes (GB) gemessen.

Tele Die Zoomeinstellung, die ferne Objekte vergrößert – wie ein Teleskop.

Tiefenschärfe Die Entfernung zwischen dem nächsten und dem fernsten Punkt von der Kamera, wo Dinge noch scharf abgebildet werden.

USB Schnittstelle zwischen Kameras, Computern, Scannern und Druckern.

Verschluss Öffnungsmechanismus, der während einer bestimmten Zeit Licht auf den CCD-Sensor fallen lässt.

Weißabgleich Die automatische Korrektur der Kamera bei Licht mit einem Farbstich – in Innenräumen, bei Dämmerung usw.

Weitwinkel Die Zoomeinstellung, die den breitesten Blickwinkel einer Szene einfängt.

Zoom Ein Kameraobjektiv, das stufenlos zwischen Tele und Weitwinkel aufnimmt.

Register

Internet-Tipps

Im Internet gibt es eine Fülle von Informationen, Tipps und Anregungen zur digitalen Fotografie. Die besten Seiten und Foren bieten Hersteller von Kameras und Software sowie Zeitschriftenverlage. Adobe, der Hersteller von Photoshop, ist hier besonders aktiv.

Adobe Digital Kids Club
www.adobe.de
(Gehe weiter über die „Suche"-Funktion der deutschen Seite, damit du auch die deutsche Fassung des Digital Kids Club erreichst!)
Eine Einführung für Lehrer und Schüler in die Digitalfotografie und die digitale Bildbearbeitung anhand der Adobe-Produkte.

Agfanet
www.agfanet.com/de
Eine Reihe von Tipps zur Digitalfotografie, ein Fotokurs und Links zu Fotosoftware.

digitalkamera.de
www.digitalkamera.de
Ein Online-Magazin zur Digitalfotografie. Jede Menge Tipps für Anfänger und Fortgeschrittene, Produktbeschreibungen und Tests sowie ein ausführliches Lexikon der Fachbegriffe zur digitalen Fotografie.

Digital Camera Magazin
www.falkemedia.com/dcm/
Die Internetseite der gleichnamigen Zeitschrift. Nachrichten und Testberichte.

Kodak
www.kodak.de
Über die deutsche Homepage von Kodak kommt man über „Consumer Fotografie" zu „Wissen und Tipps". Leider sind diese Hinweise und Anregungen zur digitalen Fotografie dann nur in englischer Sprache.

Microsoft Digital Photography
www.microsoft.com/germany/windows/StarteEtwas/foto/default.mspx
Die Microsoft-Seite für die Bearbeitung digitaler Fotos mit Windows XP. Enthält einige nützliche Tipps und Anregungen.

Apple iPhoto
www.apple.com/de/ilife/iphoto
Die Apple-Seite über iPhoto, das Bildbearbeitungsprogramm im Apple-Betriebssystem OS X.

fotopunkt.de
www.fotopunkt.de
Ein Online-Magazin für digitale Fotografie mit vielen Tests, Tipps und Anregungen sowie einem ausführlichen Begriffslexikon.

Dank und Bildnachweis

Dorling Kindersley dankt den Modellen:
Ella Ainsworth, Max Buckingham, Charlotte Cooper, Kwade Davis, Ben Grice, Joanna Harris, Barney King, Lydia, Alice Nicholson, Christina Pepper, Chenoa Pugh, Naadirah Qazi, Beth Rylance, Rebecca Tasker, der Hund Trooper

Der Verlag dankt folgenden Personen und Institutionen für die Erlaubnis, ihre Fotos abzudrucken:
o = oben, u = unten, l = links, r = rechts, m = Mitte

3 Getty Images: James Muldowney ur. **4 Alan Buckingham:** ul, mr; **Getty Images:** Georgette Douwma ur. **4–5 Alan Buckingham:** o. **5 Getty Images:** ul. **6 Alan Buckingham:** ul. **7 Corbis Royalty Free Images:** u. **9 Apple MacINtosh Computer:** ur; **Olympus:** mr. **10 Lexar Media:** uml, umr; **Sandisk® Corporation:** um. **14 Alan Buckingham:** um, mlu; **Andy Pepper:** m. **15 Alan Buckingham:** ul, ur, mlo, ol, or, m. **16 Corbis:** Tom Stuart mo, or. **18 Alan Buckingham:** ur, ml, or. **19 Corbis:** Steve Terrill om; **Corbis Royalty Free Images:** mu; **Getty Images:** Antonio Mo or; Beateworks/Dana Hoff ul; Charles Krebs ml. **20 Corbis Royalty Free Images:** ul; **Chris George:** m, ml. **20–21 Chris George:** o. **22 Alan Buckingham:** or; **Chris George:** ml. **24 Chris George:** mo, or. **25 Andy Pepper:** m, mlo, mro, or. **26 John Beardsworth:** ul; **Empics Ltd:** Phil Noble um. **26–27 Eyewire**. **27 Getty Images:** Georgette Douwma ur. **28 Getty Images:** Greg Ceo m; James Muldowney or; **Zefa Visual Media:** R. Lewine ul. **29 Corbis:** Tom Stewart ol; **Getty Images:** Tom Morrison ml. **30 John Beardsworth:** l. **31 Corbis:** Mike McQueen mr; Nevad Wier ul; **Eyewire:** mo, or. **32 Corbis:** Robert Pickett m; Wolfgang Kaehler ul. **32–33 Getty Images:** Georgette Douwma. **33 Corbis:** Don Mason um; Eric und David Hosking m; Joe McDonald mro; Tom Brakefield mru; **Corbis Royalty Free Images:** om. **34 Alamy Images:** Richard Greenhill u; **Corbis:** David Stoecklein ul; **Getty Images:** Joe McBride mr. **35 Corbis:** Mark Gamba ol; **Empics Ltd:** Phil Noble ur. **36 Zefa Visual Media:** astra productions mo; Masterfile/Dennie Cody or. **38 Alan Buckingham:** um. **40 Science & Society Picture Library:** ul. **41 Zefa/Stockdisc:** x5. **42 Getty Images:** Frans Lemmens ul, mr. **43 Alamy Images:** Shotfile ml, mr; **Chris George:** ul. **44 Alan Buckingham:** mol, mru; **Chris George:** ul. **45 Alan Buckingham:** ul. **48 Alan Buckingham:** mro. **49 Louise Thomas:** l. **54 Chris George:** ul, mlu. **54–55 Chris George:** o; **Getty Images:** Panoramic Images u. **57 Alamy Images:** Rubberball mro (Junge); **Corbis:** Stephane Masson or. **59 Epson:** mru. **60 Epson:** ml, or; **Getty Images:** Nick Pardo ur. **62 Getty:** mr. **63 Alamy:** rx4; **Corbis:** David Stoecklein mlo; **Louise Thomas:** ul.

Cover:
Vorn: Stockphoto (or).
Hinten: zefa Visual Media: R. Lewine (m).